介護福祉士《かいごふくしし》国家《こっか》試験《しけん》にチャレンジしよう！

受験者《じゅけんしゃ》のためのオリエンテーション

アサダ先生《せんせい》

介護福祉士《かいごふくしし》受験対策《じゅけんたいさく》セミナーの名物講師《めいぶつこうし》。わかりやすい解説《かいせつ》で、毎《まい》年受講者《としじゅこうしゃ》の支持《しじ》を集《あつ》めている。

介護福祉士《かいごふくしし》は、数《かず》ある介護《かいご》の資格《しかく》のなかで、唯一《ゆいいつ》の国家資格《こっかしかく》です。全国《ぜんこく》どこへ行《い》っても、専門性《せんもんせい》の高《たか》い知識《ちしき》と技術《ぎじゅつ》が認《みと》められ、就職《しゅうしょく》・転職《てんしょく》の際《さい》に有利《ゆうり》になるほか、給与面《きゅうよめん》でも優遇《ゆうぐう》されます。ぜひ資格《しかく》を取得《しゅとく》してください。

まずは、介護福祉士《かいごふくしし》の資格制度《しかくせいど》や受験資《じゅけんし》格《かく》、試験《しけん》の概要《がいよう》、受験勉強《じゅけんべんきょう》の進《すす》め方《かた》について学《まな》びましょう。

サエジマ先生《せんせい》

介護福祉士《かいごふくしし》受験対策《じゅけんたいさく》セミナーの名物講師《めいぶつこうし》。
的確《てきかく》かつていねいな指《し》導《どう》で、受講者《じゅこうしゃ》からの評《ひょう》判《ばん》も高《たか》い。

カトウさん

今年福祉大学《ことしふくしだいがく》に入学《にゅうがく》したばかりの1年生《ねんせい》。卒業後《そつぎょうご》は福《ふく》祉専門職《しせんもんしょく》としての活躍《かつやく》をめざしている。まじめにコツコツ取《と》り組《く》むがんばりや。

タグチさん

特別養護老人《とくべつようごろうじん》ホームで働《はたら》く、今年《ことし》3年目《ねんめ》の職員《しょくいん》。介護《かいご》の仕事《しごと》にやりがいを感《かん》じ、キャリアアップのために介護福祉《かいごふくし》士資格取得《ししかくしゅとく》をめざしている。

ナカハラさん

特別養護老人《とくべつようごろうじん》ホームで長年働《ながねんはたら》くベテラン職員《しょくいん》。同僚《どうりょう》や後輩《こうはい》からの信頼《しんらい》も厚《あつ》い。実技《じつぎ》には自信《じしん》アリ！　でも久《ひさ》しぶりの試《し》験勉強《けんべんきょう》には不安《ふあん》がいっぱい。

介護福祉士《かいごふくしし》ってどんな資格《しかく》？

うちの施設《しせつ》では先輩職員《せんぱいしょくいん》の多《おお》くが介護福祉士《かいごふくしし》の資格《しかく》を取得《しゅとく》しています。そもそも介護福祉士《かいごふくしし》ってどんな資格《しかく》なんですか？

介護《かいご》に関《かん》する専門職《せんもんしょく》の国家資格《こっかしかく》です。キャリアアップにもつながりますよ。

介護福祉士《かいごふくしし》とは？

介護《かいご》が必要《ひつよう》な高齢者《こうれいしゃ》や障害者《しょうがいしゃ》に対《たい》して、その人《ひと》の状況《じょうきょう》に応《おう》じた介護《かいご》をしたり、指導《しどう》に応《おう》じたりすることが主《おも》な仕事《しごと》。1987（昭和《しょうわ》62）年《ねん》に制定《せいてい》された「社会福《しゃかいふく》祉士及《ししおよ》び介護福祉士法《かいごふくししほう》」に基《もと》づいて誕生《たんじょう》し、2011（平成《へいせい》23）年《ねん》の改正《かいせい》によって医行為《いこうい》の一部《いちぶ》（喀痰吸引《かくたんきゅういん》、経管栄養《けいかんえいよう》）を行《おこな》うようになるなど、介護福祉士《かいごふくしし》の重要《じゅうよう》性《せい》が高《たか》まっている。

私《わたし》はまだ学生《がくせい》ですが、卒業後《そつぎょうご》は福祉専門職《ふくしせんもんしょく》として働《はたら》きたいと考《かんが》えています。介護福祉士《かいごふくしし》はどういう場所《ばしょ》で活躍《かつやく》していますか？

対象者《たいしょうしゃ》が高齢者《こうれいしゃ》の場合《ばあい》は介護老人福祉施設《かいごろうじんふくししせつ》（特養《とくよう》）、介護老人保健施設《かいごろうじんほけんしせつ》（老健《ろうけん》）などの施設《しせつ》系《けい》、あるいはデイサービスセンターなどの通所《つうしょ》系《けい》、自宅《じたく》に伺《うかが》う訪問系《ほうもんけい》などがあります。また障《しょう》害者《がいしゃ》に対《たい》しても、施設系《しせつけい》、通所系《つうしょけい》、訪問系《ほうもんけい》などの職場《しょくば》があります。

いろいろなところで活躍《かつやく》しているのですね！

受験資格《じゅけんしかく》と取得《しゅとく》ルート

やる気《き》になってきました！　資格《しかく》を取《と》るまでの道《みち》のりを教《おし》えてください。

大《おお》きく分《わ》けて、4つのルートがあります。

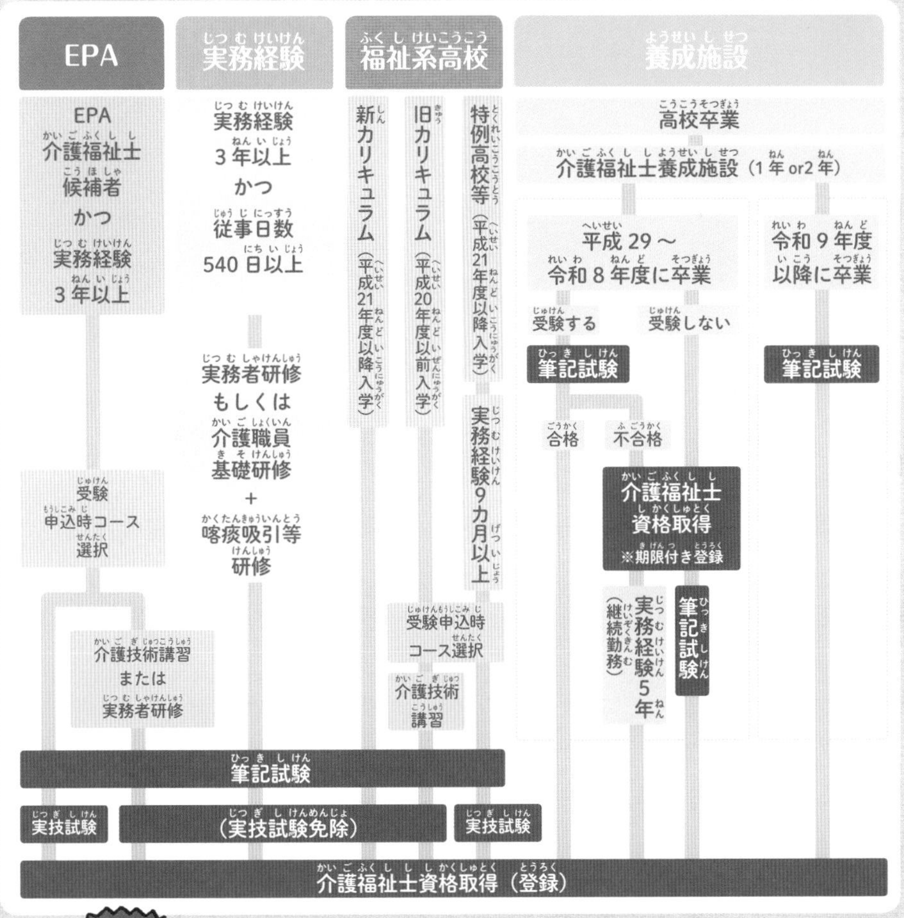

出典《しゅってん》：社会福祉振興《しゃかいふくししんこう》・試験《しけん》センター　※詳細《しょうさい》は試験《しけん》センターにお問《と》い合《あ》わせください

僕《ぼく》は来年《らいねん》、実務経験《じつむけいけん》3年以上《ねんいじょう》になるから実務経験《じつむけいけん》ルートだな。受験資格《じゅけんしかく》を得《え》るには「実務者研修《じつむしゃけんしゅう》」を受講《じゅこう》する必要《ひつよう》がありますね。

試験日程《しけんにってい》

試験《しけん》は毎年《まいとし》1回《かい》行《おこな》われます。筆記試験《ひっきしけん》と実技試験《じつぎしけん》に分《わ》かれていて、筆記試験《ひっきしけん》は1月下旬《がつげじゅん》に、実技試験《じつぎしけん》は筆記試験《ひっきしけん》の合格《ごうかく》者《しゃ》に対《たい》して、3月上旬《がつじょうじゅん》に行《おこな》われます。ですが、実務者研修《じつむしゃけんしゅう》を修《しゅう》了《りょう》していれば実技試験《じつぎしけん》は免除《めんじょ》されますよ。

私《わたし》はもう実務者研修《じつむしゃけんしゅう》を修了《しゅうりょう》しているので、実技《じつぎ》が免《めん》除《じょ》されるのはうれしいです。でも、申込書《もうしこみしょ》を提出《ていしゅつ》してから1月下旬《がつげじゅん》の筆記試験《ひっきしけん》まで長丁場《ながちょうば》ですね。

そのとおりです。年間《ねんかん》スケジュールをしっかり立《た》てて取《と》り組《く》むことが大切《たいせつ》です！

2025年《ねん》3月《がつ》に受験《じゅけん》する場合《ばあい》の日程《にってい》

2024年《ねん》　8月上旬《がつじょうじゅん》～9月上旬《がつじょうじゅん》…………受験申込書《じゅけんもうしこみしょ》の提出《ていしゅつ》

↓

2025年《ねん》　1月下旬《がつげじゅん》…………筆記試験《ひっきしけん》

↓

3月上旬《がつじょうじゅん》…………実技試験《じつぎしけん》（必要《ひつよう》な方《かた》のみ）

↓

3月下旬《がつげじゅん》…………合格発表《ごうかくはっぴょう》

指定登録機関《していとうろくきかん》に登録《とうろく》

介護福祉士《かいごふくしし》の資格取得《しかくしゅとく》！！

試験概要《しけんがいよう》と合格基準《ごうかくきじゅん》

筆記試験《ひっきしけん》なんて久《ひさ》しぶりでドキドキ
どんな内容《ないよう》が出題《しゅつだい》されるのでしょ

試験科目《しけんかもく》は、12科目《かもく》＋総合問題《そうごうもんだい》になります。総合問題《そうごうもんだい》は4領域《りょういき》(人間《にんげん》と社会《しゃかい》、こころとからだのしくみ、医療的《いりょうてき》ケア、介護《かいご》)の知識《ちしき》および技術《ぎじゅつ》を横断的《おうだんてき》に問《と》う問題《もんだい》が、事例形式《じれいけいしき》で出題《しゅつだい》されます。

科目《かもく》、問題数《もんだいすう》

領域《りょういき》	科目《かもく》	科目群《かもくぐん》	試験時間《しけんじかん》
人間《にんげん》と社会《しゃかい》	① 人間《にんげん》の尊厳《そんげん》と自立《じりつ》	1	10：00〜11：40(100分《ぶん》)
	② 人間関係《にんげんかんけい》とコミュニケーション	2	
	③ 社会《しゃかい》の理解《りかい》	3	
こころとからだのしくみ	④ こころとからだのしくみ	6	
	⑤ 発達《はったつ》と老化《ろうか》の理解《りかい》	7	
	⑥ 認知症《にんちしょう》の理解《りかい》	8	
	⑦ 障害《しょうがい》の理解《りかい》	9	
医療的《いりょうてき》ケア	⑧ 医療的《いりょうてき》ケア	10	
介護《かいご》	⑨ 介護《かいご》の基本《きほん》	1	13：35〜15：35(120分《ぶん》)
	⑩ コミュニケーション技術《ぎじゅつ》	2	
	⑪ 生活支援技術《せいかつしえんぎじゅつ》	4	
	⑫ 介護過程《かいごかてい》	5	
総合問題《そうごうもんだい》	⑬ 総合問題《そうごうもんだい》	11	
合計《ごうけい》		11科目群《かもくぐん》	

出題形式《しゅつだいけいしき》は5つの選択肢《せんたくし》から正《ただ》しいものを1つ選《えら》んでマークするというもので、配点《はいてん》は1問《もん》1点《てん》です。

試験科目《しけんかもく》がずいぶん多《おお》いですね。私《わたし》は特養《とくよう》の職員《しょくいん》で障害者《しょうがいしゃ》のことはよくわからないのですが、苦手《にがて》な科目《かもく》があっても要《よう》はトータルで合格点《ごうかくてん》をとればいいということですよね？

苦手科目《にがてかもく》は誰《だれ》しもあるのですが、11の「科目《かもく》群《ぐん》」すべてに得点《とくてん》しなければ合格《ごうかく》できないシステムですので注意《ちゅうい》が必要《ひつよう》です。

たとえばほかの科目群《かもくぐん》で満点《まんてん》だったとしても、「障害《しょうがい》の理解《りかい》」が0点《てん》だった場合《ばあい》は不合格《ふごうかく》になってしまいます。ただし、科目《かもく》①「人《にん》間《げん》の尊厳《そんげん》と自立《じりつ》」と⑨「介護《かいご》の基本《きほん》」、また②「人間関係《にんげんかんけい》とコミュニケーション」と⑩「コミュニケーション技術《ぎじゅつ》」は2科目《かもく》あわせてひとつの科目群《かもくぐん》となります。

すべての科目《かもく》をまんべんなく得点《とくてん》できるように勉強《べんきょう》することが大切《たいせつ》なのですね。合格基準《ごうかくきじゅん》はどのように決《き》められるのですか？

総得点《そうとくてん》125点《てん》に対《たい》して60％程度《ていど》を基準《きじゅん》として、問題《もんだい》の難易度《なんいど》で補正《ほせい》します。実技試験《じつぎしけん》の内容《ないよう》は、介護等《かいごとう》に関《かん》する専門技能《せんもんぎのう》、事例《じれい》に基《もと》づいた問題《もんだい》が出《だ》され、実際《じっさい》にモデルに対《たい》して介助《かいじょ》を行《おこな》います。

過去《かこ》5年間《ねんかん》の合格基準《ごうかくきじゅん》

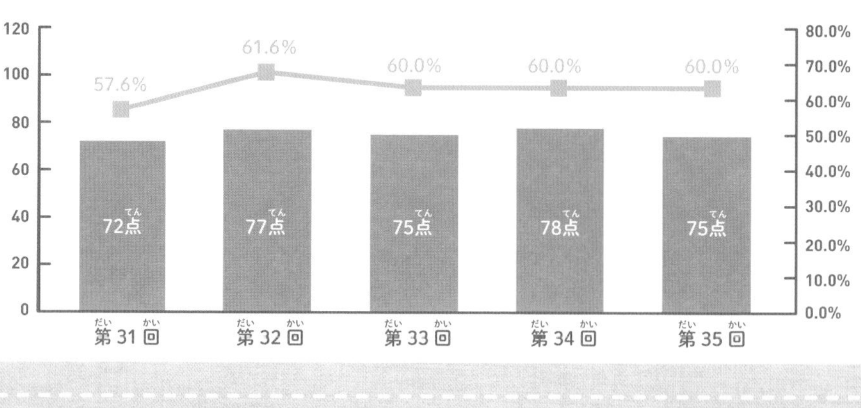

毎年《まいとし》、どのくらいの人《ひと》が介護福祉士《かいごふくしし》の国家試験《こっかしけん》を受験《じゅけん》して、どのくらいの合格率《ごうかくりつ》なのですか？

2022（令和《れいわ》4）年度《ねんど》の受験者数《じゅけんしゃすう》は7万《まん》9151人《にん》で合格率《ごうかくりつ》は84.3%です。合格点《ごうかくてん》は75点《てん》でした。過《か》去《こ》5年間《ねんかん》をみると、合格率《ごうかくりつ》は70%前後《ぜんご》です。

過去《かこ》5年間《ねんかん》の受験状況《じゅけんじょうきょう》

■ 合格者数《ごうかくしゃすう》（人《にん》）　■ 受験者数《じゅけんしゃすう》（人《にん》）　■ 合格率《ごうかくりつ》（%）

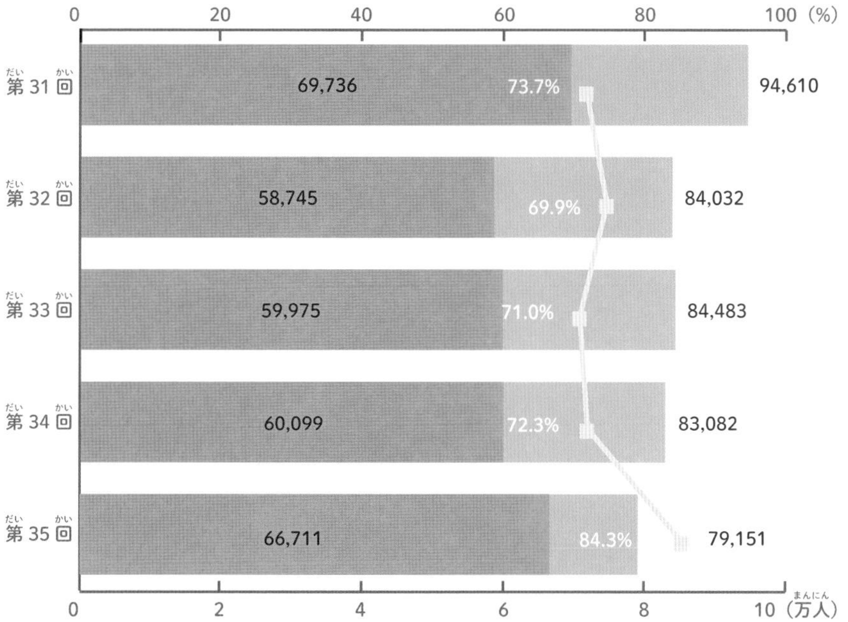

第《だい》35回《かい》では8割《わり》の人《ひと》が合格《ごうかく》していて、かなり高《たか》い合格率《ごうかくりつ》のように思《おも》えます。

実務者研修《じつむしゃけんしゅう》が必須《ひっす》になってから受験者《じゅけんしゃ》のレベルが上《あ》がっているため、合格率《ごうかくりつ》も上《あ》がっていますが、油断《ゆだん》せずにしっかり受験対策《じゅけんたいさく》を行《おこな》いましょう。

受験対策《じゅけんたいさく》は、最初《さいしょ》にきちんとした計画《けいかく》を立《た》てて取《と》り組《く》むことが大切《たいせつ》です。まずは介護福祉士試験《かいごふくししけん》の全体《ぜんたい》のイメージをつかむことから始《はじ》めましょう。過去問《かこもん》をチェックすると、合格《ごうかく》のためには自分《じぶん》が何《なに》をすればいいかが見《み》えてきますよ。

なるほど。試験《しけん》の傾向《けいこう》がわかると、効率的《こうりつてき》に勉強《べんきょう》できますね。

あとはインプット→アウトプット→暗記《あんき》のくり返《かえ》しで知識《ちしき》の定着《ていちゃく》を図《はか》ります。問題集《もんだいしゅう》を解《と》いてよくわからないところが出《で》てきたら、参考書《さんこうしょ》の解説《かいせつ》を読《よ》んで理解《りかい》を深《ふか》めていきましょう。自分《じぶん》の得意《とくい》、不得意科目《ふとくいかもく》をチェックすることもポイントです。

ところで私《わたし》は夜勤《やきん》もあるし、自宅《じたく》では家事《かじ》もこなさなくてはならないので、毎日《まいにち》決《き》まった勉強時間《べんきょうじかん》を確保《かくほ》できません。

そういう人はスキマ時間《じかん》を上手《じょうず》に活用《かつよう》しましょう。お昼休《ひるやす》みや通勤時間《つうきんじかん》に少《すこ》しずつ問題《もんだい》を解《と》いたり、暗記《あんき》したりするのもおすすめです。自分《じぶん》にあったスタイルで進《すす》めていくことが合格《ごうかく》への近道《ちかみち》です。

試験日《しけんび》が近《ちか》くなったら、本番《ほんばん》と同《おな》じスタイルで、マークシート式《しき》の模擬試験《もぎしけん》にトライしてみてください。実際《じっさい》に体験《たいけん》してみることで、合格《ごうかく》がぐっと近《ちか》づきます。

ここから
はじめる！

中央法規

介護
福祉士
国家試験

スタート
ブック
2025

中央法規介護福祉士受験対策研究会／編集

中央法規

はじめに

介護福祉士国家試験《かいごふくししこっかしけん》の筆記試験《ひっきしけん》は、毎年《まいとし》1月《がつ》下旬《げじゅん》に実施《じっし》されます。試験問題《しけんもんだい》が(公《こう》財《ざい》)社会福祉振興《しゃかいふくししんこう》・試験《しけん》センターより公表《こうひょう》され、新年度《しんねんど》になると、次回《じかい》の国家試験対《こっかしけんたい》策《さく》の学習用《がくしゅうよう》として「過去問解説集《かこもんかいせつしゅう》」が多《おお》くの出版社《しゅっぱんしゃ》から刊行《かんこう》されます。そのため、受《じゅ》験《けん》を予定《よてい》している人《ひと》はその時期《じき》から学習《がくしゅう》をスタートすることが多《おお》いようです。

しかし、初《はじ》めて受験《じゅけん》する方《かた》の中《なか》には、何《なに》から手《て》をつけてどのように準備《じゅんび》をするべきなのかがわからず、一人《ひとり》で不安《ふあん》な気持《きも》ちを抱《かか》えている方《かた》もいるかもしれません。長期間《ちょうきかん》にわたる学習《がくしゅう》を効率《こうりつ》よく進《すす》めるためには計画性《けいかくせい》が非常《ひじょう》に重要《じゅうよう》ですが、情報《じょうほう》が足《た》りないことによりスタートから出遅《でおく》れてしまう心配《しんぱい》があります。

また、受験勉強《じゅけんべんきょう》のために十分《じゅうぶん》な時間《じかん》を確保《かくほ》できる人《ひと》は限《かぎ》られています。多《おお》くの方《かた》は、仕事《しごと》や学校生活《がっこうせいかつ》の合間《あいま》の少《すく》ない時間《じかん》を有効《ゆうこう》に使《つか》おうとしているのではないでしょうか。効率《こうりつ》よく学習《がくしゅう》を進《すす》めるには、まず、介護福祉士《かいごふくしし》の国家試験《こっかしけん》がどのようなものかを知《し》ることです。具体的《ぐたいてき》には、❶国家試験《こっかしけん》の全体像《ぜんたいぞう》の把握《はあく》から始《はじ》まり、❷「どのような受験書籍《じゅけんしょせき》やセミナーが存在《そんざい》しているか」ということを知《し》ります。そのうえで❸「どのように学習計画《がくしゅうけいかく》を立《た》て勉強《べんきょう》していくか」を考《かんが》える、という流《なが》れになるでしょう。

本書《ほんしょ》は特《とく》に❶と❷について充実《じゅうじつ》した内容《ないよう》を掲載《けいさい》しています。これから具体的《ぐたいてき》に勉強《べんきょう》していく皆《みな》さんにとって、「試験《しけん》に合格《ごうかく》するために、どのような準備《じゅんび》をすればよいか」という指針《ししん》になることを目的《もくてき》としています。

介護福祉士国家試験《かいごふくししこっかしけん》の受験資格《じゅけんしかく》を取得《しゅとく》することは簡単《かんたん》ではありません。多《おお》くの方《かた》が苦労《くろう》を重《かさ》ねてたどり着《つ》いていますので、受験資格《じゅけんしかく》を取得《しゅとく》した時点《じてん》ですでに「険《けわ》しい道《みち》のりを進《すす》む力《ちから》をもっている」のです。ここまで来《き》たらそれに満足《まんぞく》せず、国家《こっか》試験《しけん》に臨《のぞ》み「国《くに》が認《みと》める介護福祉《かいごふくし》の専門家《せんもんか》」となってください。そして、介護福祉《かいごふくし》士《し》になることを「ゴール」とは考《かんが》えず「スタート地点《ちてん》に立《た》った」ととらえていただけたら幸《さいわ》いです。

中央法規介護福祉士受験対策研究会《ちゅうおうほうきかいごふくししじゅけんたいさくけんきゅうかい》

本書《ほんしょ》の使《つか》い方《かた》

介護福祉士国家試験《かいごふくししこっかしけん》によく出題《しゅつだい》される項目《こうもく》を、科目《かもく》ごとに紹介《しょうかい》します。
試験《しけん》の全体像《ぜんたいぞう》をつかみ、
これからどのような学習《がくしゅう》や対策《たいさく》が必要《ひつよう》かを知《し》ることができます。

科目《かもく》について

まずは、どういう内容《ないよう》について問《と》われる科目《かもく》なのかを説明《せつめい》します。なぜこの科目《かもく》を学《まな》ぶのか理解《りかい》しましょう。

よく出《で》る項目《こうもく》

試験《しけん》によく出題《しゅつだい》される項目《こうもく》です。

・KEYWORD ・POINT

重要《じゅうよう》なキーワード、おさえておきたいポイントを紹介《しょうかい》します。

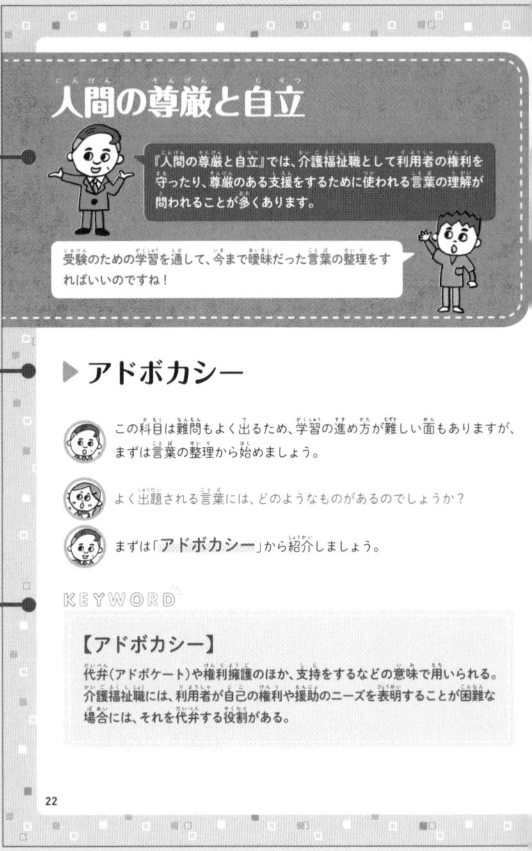
人間《にんげん》の尊厳《そんげん》と自立《じりつ》

『人間《にんげん》の尊厳《そんげん》と自立《じりつ》』では、介護福祉職《かいごふくししょく》として利用者《りようしゃ》の権利《けんり》を守《まも》ったり、尊厳《そんげん》のある支援《しえん》をするために使《つか》われる言葉《ことば》の理解《りかい》が問《と》われることが多《おお》くあります。

受験《じゅけん》のための学習《がくしゅう》を通《とお》して、今《いま》まで曖昧《あいまい》だった言葉《ことば》の整理《せいり》をすればいいのですね！

▶ アドボカシー

この科目《かもく》は難問《なんもん》もよく出《で》るため、学習《がくしゅう》の進《すす》め方《かた》が難《むずか》しい面《めん》もありますが、まずは言葉《ことば》の整理《せいり》から始《はじ》めましょう。

よく出題《しゅつだい》される言葉《ことば》には、どのようなものがあるのでしょうか？

まずは「アドボカシー」から紹介《しょうかい》しましょう。

KEYWORD

【アドボカシー】

代弁《だいべん》（アドボケート）や権利擁護《けんりようご》のほか、支持《しじ》をするなどの意味《いみ》で用《もち》いられる。介護福祉職《かいごふくししょく》には、利用者《りようしゃ》が自己《じこ》の権利《けんり》や援助《えんじょ》のニーズを表明《ひょうめい》することが困難《こんなん》な場合《ばあい》には、それを代弁《だいべん》する役割《やくわり》がある。

22

この本《ほん》では、
以下《いか》の略称《りゃくしょう》*を使《つか》っています。
（＊略称《りゃくしょう》→『正式名称《せいしきめいしょう》』）

● 過去問解説集《かこもんかいせつしゅう》
→『介護福祉士国家試験過去問解説集《かいごふくししこっかしけんかこもんかいせつしゅう》2025』

会話《かいわ》

先生《せんせい》と生徒《せいと》の会話形式《かいわけいしき》で進《すす》むので、文章《ぶんしょう》に苦手意識《にがていしき》がある人《ひと》にも、読《よ》みやすくわかりやすいです。受験生《じゅけんせい》が疑問《ぎもん》に思《おも》いやすい点《てん》を生徒《せいと》が質問《しつもん》したり、先生《せんせい》が効果的《こうかてき》な学習方法《がくしゅうほうほう》をアドバイスしたりします。

なるほど！　聞《き》いたことのある言葉《ことば》でしたが、**利用者《りようしゃ》の人権《じんけん》や尊厳《そんげん》**に関《かか》わるということまでは理解《りかい》できていませんでした。

それでは、実際《じっさい》に出題《しゅつだい》された問題《もんだい》を見《み》てみましょう。

第《だい》32回《かい》-問題《もんだい》2

利用者《りようしゃ》の意思《いし》を代弁《だいべん》することを表《あらわ》す用語《ようご》として、最《もっと》も適切《てきせつ》なものを1つ選《えら》びなさい。

1. インフォームドコンセント(informed consent)
2. ストレングス(strength)
3. パターナリズム(paternalism)
4. エンパワメント(empowerment)
5. アドボカシー(advocacy)

【正解《せいかい》】5

人間の尊厳と自立

本当《ほんとう》だ。このように、言葉《ことば》の意味《いみ》そのものが問《と》われるのですね。ほかにはどのような出題《しゅつだい》のパターンがあるのでしょうか。

第《だい》28回《かい》と第《だい》30回《かい》では、アドボカシーの視点《してん》から**適切《てきせつ》な対応《たいおう》を問《と》う事例問題《じれいもんだい》**が出題《しゅつだい》されています。まずは、よく出《で》る言葉《ことば》の意味《いみ》をきちんと理解《りかい》して、知識《ちしき》として定着《ていちゃく》させることから始《はじ》めましょう。

はい。上記《じょうき》の過去問題《かこもんだい》に出《で》てくるカタカナ語《ご》は、どれが出題《しゅつだい》されても不思議《ふしぎ》ではない気《き》がしてきました。それぞれの言葉《ことば》の意味《いみ》を、過去問解説集《かこもんかいせつしゅう》でチェックします！

23

・過去問題《かこもんだい》
・一問一答《いちもんいっとう》

実際《じっさい》に出題《しゅつだい》された問題《もんだい》を紹介《しょうかい》します。出題《しゅつだい》のされ方《かた》を知《し》ることで、効率《こうりつ》よく学習《がくしゅう》することができます。

- ワークブック →『介護福祉士国家試験受験《かいごふくししこっかしけんじゅけん》ワークブック 2025』
- 合格《ごうかく》テキスト→『わかる！ 受《う》かる！ 介護福祉士国家試験合格《かいごふくししこっかしけんごうかく》テキスト 2025』
- 合格《ごうかく》ドリル →『書《か》いて覚《おぼ》える！ 介護福祉士国家試験合格《かいごふくししこっかしけんごうかく》ドリル 2025』
- 国試《こくし》ナビ→『見《み》て覚《おぼ》える！ 介護福祉士国試《かいごふくししこくし》ナビ 2025』
- らくらく暗記《あんき》マスター →『らくらく暗記《あんき》マスター 介護福祉士国家試験《かいごふくししこっかしけん》 2025』

CONTENTS

介護福祉士《かいごふくしし》国家試験《こっかしけん》に チャレンジしよう！

科目別《かもくべつ》よく出《で》る項目《こうもく》チェック

人間《にんげん》の尊厳《そんげん》と自立《じりつ》

人間関係《にんげんかんけい》とコミュニケーション

社会《しゃかい》の理解《りかい》

こころとからだのしくみ

発達《はったつ》と老化《ろうか》の理解《りかい》

CONTENTS

CONTENTS

科目別《かもくべつ》よく出《で》る項目《こうもく》チェック

教《おし》えて先生《せんせい》！
筆記《ひっき》試験《しけん》攻略《こうりゃく》のポイント

試験《しけん》を受《う》けた経験《けいけん》があまりなく、不安《ふあん》な人《ひと》も多《おお》いかもしれません。試験勉強《しけんべんきょう》に入《はい》る前《まえ》に、問題《もんだい》を解《と》くときのポイントを紹介《しょうかい》します。

POINT 1 国家試験《こっかしけん》は５つの選択肢《せんたくし》から「正《ただ》しい選択肢《せんたくし》」を選《えら》ぶ

例《れい》

- 正《ただ》しいものを１つ選《えら》びなさい
- 最《もっと》も適切《てきせつ》なものを１つ選《えら》びなさい
- 適切《てきせつ》なものを１つ選《えら》びなさい

正《ただ》しいものを選《えら》べばよいのですね。とはいっても、選択肢《せんたくし》が5つもあると迷《まよ》ってしまいそうですが…。

正《ただ》しい選択肢《せんたくし》は「～ことがある」「～なことができる」などの中立的《ちゅうりつてき》な表現《ひょうげん》であることが多《おお》いです。落《お》ち着《つ》いて選択肢《せんたくし》を読《よ》むだけでもアタリをつけられるかもしれません。

マークシート方式《ほうしき》の試験《しけん》を受《う》けるのは初《はじ》めてです。何《なに》か注意《ちゅうい》することはありますか？

枠《わく》の外《そと》にはみ出《だ》さないよう、えんぴつで濃《こ》くぬりつぶしてください。えんぴつが薄《うす》かったり、ぬりつぶし方《かた》にムラがあったりすると採点《さいてん》の機械《きかい》で読《よ》みとれないこともあるので、注意《ちゅうい》してくださいね。

マークシート形式《けいしき》の試験《しけん》でこわいのは、ぬりつぶす箇所《かしょ》がずれてしまうことです。必《かなら》ず問題番号《もんだいばんごう》とマークシートの番号《ばんごう》を確認《かくにん》しましょう。

POINT 2 「すべて」「限《かぎ》られる」などの極端《きょくたん》な表現《ひょうげん》に注意《ちゅうい》

例《れい》

- 社会福祉行政《しゃかいふくしぎょうせい》の実施《じっし》に必要《ひつよう》な税源《ぜいげん》は、すべて地方《ちほう》に移譲《いじょう》された。
- 介護《かいご》の業務《ぎょうむ》を行《おこな》っている者《もの》は、誰《だれ》でも「介護福祉士《かいごふくしし》」を名乗《なの》ってよい。

ほかにも「～のみである」などの断定的《だんていてき》な言《い》い方《かた》をした選択肢《せんたくし》は誤《あやま》りであることが多《おお》いです！

表現《ひょうげん》に注意《ちゅうい》するだけで、だいぶ絞《しぼ》りこめそうです。ちょっと安心《あんしん》！

POINT 3 関連《かんれん》するものはセットで覚《おぼ》える

例《れい》

- 「高齢者虐待防止法《こうれいしゃぎゃくたいぼうしほう》」と「障害者虐待防止法《しょうがいしゃぎゃくたいぼうしほう》」
- 「成年後見制度《せいねんこうけんせいど》」と「日常生活自立支援事業《にちじょうせいかつじりつしえんじぎょう》」
- 「要介護認定《ようかいごにんてい》」と「障害者支援区分認定《しょうがいしゃしえんくぶんにんてい》」
- 「うつ病《びょう》」と「せん妄《もう》」
- 「中核症状《ちゅうかくしょうじょう》」と「BPSD」
- 「心筋梗塞《しんきんこうそく》」と「狭心症《きょうしんしょう》」
- 「消毒《しょうどく》」と「滅菌《めっきん》」

制度《せいど》や医療的《いりょうてき》な内容《ないよう》は苦手《にがて》な受験生《じゅけんせい》が多《おお》いです。覚《おぼ》えるときに関連《かんれん》する内容《ないよう》をセットで覚《おぼ》えておくと、効率的《こうりつてき》ですよ。

POINT 4 用語《ようご》の定義《ていぎ》はしっかりおさえる

例《れい》

- ICF の定義《ていぎ》
- リハビリテーションの定義《ていぎ》

暗記《あんき》が苦手《にがて》なんですよね。覚《おぼ》えられるでしょうか…。

丸暗記《まるあんき》するのではなく、自分《じぶん》でかんたんな言葉《ことば》に置《お》き換《か》えて理解《りかい》することが大切《たいせつ》ですよ。人物《じんぶつ》・業績《ぎょうせき》などもよく問《と》われるので、テキストでしっかり確認《かくにん》しましょう。
それでは、ポイントをおさえたところで、次《じ》ページから試験《しけん》によく出《しゅつ》題《だい》される項目《こうもく》を紹介《しょうかい》します！

人間《にんげん》の尊厳《そんげん》と自立《じりつ》

『人間《にんげん》の尊厳《そんげん》と自立《じりつ》』では、介護福祉職《かいごふくししょく》として利用者《りようしゃ》の権利《けんり》を守《まも》ったり、尊厳《そんげん》のある支援《しえん》をするために使《つか》われる言葉《ことば》の理解《りかい》が問《と》われることが多《おお》くあります。

受験《じゅけん》のための学習《がくしゅう》を通《とお》して、今《いま》まで曖昧《あいまい》だった言葉《ことば》の整理《せいり》をすればいいのですね！

アドボカシー

この科目《かもく》は難問《なんもん》もよく出《で》るため、学習《がくしゅう》の進《すす》め方《かた》が難《むずか》しい面《めん》もありますが、まずは言葉《ことば》の整理《せいり》から始《はじ》めましょう。

よく出題《しゅつだい》される言葉《ことば》には、どのようなものがあるのでしょうか？

まずは「アドボカシー」から紹介《しょうかい》しましょう。

KEYWORD

【アドボカシー】

代弁《だいべん》（アドボケート）や権利擁護《けんりようご》のほか、支持《しじ》をするなどの意味《いみ》で用《もち》いられる。介護福祉職《かいごふくししょく》には、利用者《りようしゃ》が自己《じこ》の権利《けんり》や援助《えんじょ》のニーズを表明《ひょうめい》することが困難《こんなん》な場合《ばあい》には、それを代弁《だいべん》する役割《やくわり》がある。

なるほど！　聞《き》いたことのある言葉《ことば》でしたが、**利用者《りようしゃ》の人権《じんけん》や尊厳《そんげん》**に関《かか》わるということまでは理解《りかい》できていませんでした。

それでは、実際《じっさい》に出題《しゅつだい》された問題《もんだい》を見《み》てみましょう。

第《だい》32回《かい》 - 問題《もんだい》2

利用者《りようしゃ》の意思《いし》を代弁《だいべん》することを表《あらわ》す用語《ようご》として、最《もっと》も適切《てきせつ》なものを1つ選《えら》びなさい。

1. インフォームドコンセント（informed consent）
2. ストレングス（strength）
3. パターナリズム（paternalism）
4. エンパワメント（empowerment）
5. アドボカシー（advocacy）

【正解《せいかい》】5

本当《ほんとう》だ。このように、言葉《ことば》の意味《いみ》そのものが問《と》われるのですね。ほかにはどのような出題《しゅつだい》のパターンがあるのでしょうか。

第《だい》28回《かい》と第《だい》30回《かい》では、アドボカシーの視点《してん》から**適切《てきせつ》な対応《たいおう》を問《と》う事《じ》例問題《れいもんだい》**が出題《しゅつだい》されています。まずは、よく出《で》る言葉《ことば》の意味《いみ》をきちんと理解《りかい》して、知識《ちしき》として定着《ていちゃく》させることから始《はじ》めましょう。

はい。上記《じょうき》の過去問題《かこもんだい》に出《で》てくるカタカナ語《ご》は、どれが出題《しゅつだい》されても不思議《ふしぎ》ではない気《き》がしてきました。それぞれの言葉《ことば》の意味《いみ》を、過去問解説集《かこもんかいせつしゅう》でチェックします！

▶ノーマライゼーション

国家試験《こっかしけん》でよく問《と》われるだけでなく、福祉専門職《ふくしせんもんしょく》として働《はたら》くうえで基本《きほん》となる考《かんが》え方《かた》を表《あらわ》した言葉《ことば》として、「**ノーマライゼーション**」を取《と》り上《あ》げます。

基本《きほん》となる考《かんが》え方《かた》を表《あらわ》した言葉《ことば》ですか。とても大切《たいせつ》な考《かんが》え方《かた》を含《ふく》んだ言《こと》葉《ば》であることが伝《つた》わってきます。

1959年《ねん》にデンマークの「1959法《ほう》」で導入《どうにゅう》された言葉《ことば》です。

1959年《ねん》は、日本《にほん》で言《い》うと昭和《しょうわ》34年《ねん》ですね。そんなに昔《むかし》からあった言葉《ことば》なのですね。

そうですね。今《いま》から60年以上《ねんいじょう》も前《まえ》になりますね。デンマークをはじめとする北欧諸国《ほくおうしょこく》が「福祉先進国《ふくしせんしんこく》」と呼《よ》ばれる理由《りゆう》がわかります。

はい、とても驚《おどろ》きました！　60年以上《ねんいじょう》も大切《たいせつ》にされている言葉《ことば》を忘《わす》れないようにします！

ノーマライゼーションは、『障害《しょうがい》の理解《りかい》』『介護《かいご》の基本《きほん》』でも出題《しゅつだい》されます。しっかり学習《がくしゅう》しましょう。

KEYWORD

【ノーマライゼーション】

ノーマライゼーションとは、障害者《しょうがいしゃ》が健常者《けんじょうしゃ》と同等《どうとう》に社会生活《しゃかいせいかつ》を送《おく》ることが本《ほん》来《らい》の望《のぞ》ましい姿《すがた》とする思想《しそう》や運動《うんどう》、施策《せさく》のこと。

では、実際《じっさい》に試験《しけん》ではどのように問《と》われるのかを確認《かくにん》してみましょう。

第《だい》33回《かい》 - 問題《もんだい》12

ノーマライゼーション(normalization)を説明《せつめい》する次《つぎ》の記述《きじゅつ》のうち、最《もっと》も適切《てきせつ》なものを1つ選《えら》びなさい。

1. 福祉《ふくし》、保健《ほけん》、医療《いりょう》などのサービスを総合的《そうごうてき》に利用《りよう》できるように計画《けいかく》すること。
2. 家族《かぞく》、近隣《きんりん》、ボランティアなどによる支援《しえん》のネットワークのこと。
3. 利用者自身《りようしゃじしん》が問題《もんだい》を解決《かいけつ》していく力《ちから》を獲得《かくとく》していくこと。
4. 障害《しょうがい》があっても地域社会《ちいきしゃかい》の一員《いちいん》として生活《せいかつ》が送《おく》れるように条件整備《じょうけんせいび》をすること。
5. 利用者《りようしゃ》の心身《しんしん》の状態《じょうたい》やニーズを把握《はあく》すること。　【正解《せいかい》】❹

なるほど。言葉《ことば》の意味《いみ》をきちんと覚《おぼ》えておけば、正答《せいとう》はすぐに導《みちび》き出《だ》せる感《かん》じがします。

そうですね。現在《げんざい》の日本《にほん》における「施設《しせつ》に入所《にゅうしょ》するよりも住《す》み慣《な》れた地域《ちいき》で暮《く》らすようにしましょう」という考《かんが》え方《かた》の底流《ていりゅう》にも、ノーマライゼーションの思想《しそう》があるのではないかと思います。
また、ノーマライゼーションに関連《かんれん》する人物《じんぶつ》として、以下《いか》の3名《めい》もあわせて覚《おぼ》えておきましょう。

①バンク・ミケルセン(ノーマライゼーションを提唱《ていしょう》した)
②ニィリエ(ノーマライゼーションを8つの原理《げんり》にまとめた)
③ヴォルフェンスベルガー(アメリカに広《ひろ》がったノーマライゼーションを理論化《りろんか》、体系化《たいけいか》した)

▶ストレングス

ストレングス視点《してん》による利用者《りようしゃ》の理解《りかい》は、介護福祉職《かいごふくししょく》にとって基本《きほん》となるものです。そのため、国家試験《こっかしけん》でも問《と》われます。

ストレングス視点《してん》は、たとえばどのような場面《ばめん》で活《い》かされるのでしょうか？

利用者《りようしゃ》とコミュニケーションをとる際《さい》や、介護計画《かいごけいかく》を立案《りつあん》する際《さい》などに活《い》かされます。**その人《ひと》【利用者《りようしゃ》】の良《よ》いところ【強《つよ》さ】**に着目《ちゃくもく》して支《し》援《えん》することが大切《たいせつ》なのです。

つまり、ストレングス視点《してん》による利用者《りようしゃ》の理解《りかい》とは、たとえば利用者《りようしゃ》の苦《にが》手《て》なことではなく、得意《とくい》なことに着目《ちゃくもく》するということです。

介護福祉職《かいごふくししょく》は、利用者《りようしゃ》をよく理解《りかい》することが大切《たいせつ》なんですね！

KEYWORD

【ストレングス】

「強《つよ》さ」と訳《やく》される。人《ひと》が潜在的《せんざいてき》に有《ゆう》する強《つよ》さ・力《ちから》・能力《のうりょく》・意欲《いよく》・関心《かんしん》などを意味《いみ》する。アメリカのカンザス大学《だいがく》のラップらによって『ストレングスモデル』として提唱《ていしょう》された。これは、課題解決《かだいかいけつ》の主体《しゅたい》をクライエント本人《ほんにん》に置《お》くことを特徴《とくちょう》としている。

そういえば、少《すこ》し前《まえ》のページでも問題《もんだい》の選択肢《せんたくし》の中《なか》にストレングスという言葉《ことば》を見《み》たような気《き》がします。

第《だい》35回《かい》－問題《もんだい》49 （障害《しょうがい》の理解《りかい》からの出題《しゅつだい》）

ストレングス(strength)の視点《してん》に基《もと》づく利用者支援《りようしゃしえん》の説明《せつめい》として、最《もっと》も適切《てきせつ》なものを１つ選《えら》びなさい。

1. 個人《こじん》の特性《とくせい》や強《つよ》さを見《み》つけて、それを生《い》かす支援《しえん》を行《おこな》うこと。
2. 日常生活《にちじょうせいかつ》の条件《じょうけん》をできるだけ、障害《しょうがい》のない人《ひと》と同《おな》じにすること。
3. 全人間的復権《ぜんにんげんてきふっけん》を目標《もくひょう》とすること。
4. 権利《けんり》を代弁《だいべん》・擁護《ようご》して、権利《けんり》の実現《じつげん》を支援《しえん》すること。
5. 抑圧《よくあつ》された権利《けんり》や能力《のうりょく》を取《と》り戻《もど》して、力《ちから》をつけること。

【正解《せいかい》】❶

ストレングスの特徴《とくちょう》がストレートに表現《ひょうげん》されていますね。

利用者《りようしゃ》の支援《しえん》にあたる際《さい》は、その人《ひと》の特性《とくせい》を理解《りかい》し、強《つよ》さを見《み》つけることが大切《たいせつ》です。

介護福祉職《かいごふくししょく》が利用者《りようしゃ》の尊厳《そんげん》を守《まも》るということの大切《たいせつ》さが具体的《ぐたいてき》に思《おも》い浮《う》かんできました。

P122に出《で》てくる「国際生活機能分類《こくさいせいかつきのうぶんるい》(ICF)」も、ストレングスと関連《かんれん》する知《ち》識《しき》として整理《せいり》すると、より理解《りかい》が深《ふか》まりますよ。

人間関係《にんげんかんけい》とコミュニケーション

『人間関係《にんげんかんけい》とコミュニケーション』は利用者《りようしゃ》との関係《かんけい》づくりについて学習《がくしゅう》する科目《かもく》です。利用者《りようしゃ》とよりよい関係《かんけい》を築《きず》くために必要《ひつよう》なコミュニケーションについて理解《りかい》を深《ふか》めましょう。

利用者《りようしゃ》と接《せっ》するとき、コミュニケーションの大切《たいせつ》さを実感《じっかん》します。しっかり基本《きほん》を学《まな》びたいと思《おも》います。

自己覚知《じこかくち》

コミュニケーションでは**ラポールを形成《けいせい》する**ことが大切《たいせつ》です。これは、利用者《りようしゃ》と介護福祉職《かいごふくししょく》が互《たが》いに信頼《しんらい》し合《あ》い、心理的距離《しんりてききょり》が縮《ちぢ》まり感情《かんじょう》の交流《こうりゅう》を行《おこな》うことができる状態《じょうたい》を指《さ》し、**信頼関係《しんらいかんけい》**のことを意味《いみ》します。

ラポールを形成《けいせい》するにはどうすればよいでしょうか？

相手《あいて》を理解《りかい》する(他者理解《たしゃりかい》)ためには、まずは自分自身《じぶんじしん》を知《し》らなければなりません。このことを**自己覚知《じこかくち》**といいます。

KEYWORD

【自己覚知《じこかくち》】

自己覚知《じこかくち》とは、自己《じこ》の思想《しそう》や価値観《かちかん》、感情《かんじょう》などについて客観的《きゃっかんてき》に理解《りかい》することをいう。

なぜ、自己覚知《じこかくち》が必要《ひつよう》なのですか？

介護福祉職《かいごふくししょく》が自身《じしん》の価値観《かちかん》や感情《かんじょう》をもとに判断《はんだん》すると、問題《もんだい》の状況《じょうきょう》を誤《あやま》って把握《はあく》してしまうおそれがあるからです。

それでは、実際《じっさい》に出題《しゅつだい》された問題《もんだい》を見《み》てみましょう。

第《だい》32回《かい》-問題《もんだい》3

他者《たしゃ》とのコミュニケーションを通《とお》した自己覚知《じこかくち》として、最《もっと》も適切《てきせつ》なものを1つ選《えら》びなさい。

1. 自己《じこ》の弱《よわ》みより強《つよ》みを重視《じゅうし》する。
2. 自己《じこ》の感情《かんじょう》の動《うご》きとその背景《はいけい》を洞察《どうさつ》する。
3. 自己《じこ》の行動《こうどう》を主観的《しゅかんてき》に分析《ぶんせき》する。
4. 自己《じこ》の私生活《しせいかつ》を打《う》ち明《あ》ける。
5. 自己《じこ》の価値観《かちかん》を他者《たしゃ》に合《あ》わせる。

【正解《せいかい》】2

「自分自身《じぶんじしん》を知《し》る」という意味《いみ》がわかっていれば解《と》ける問題《もんだい》ですね。

自己《じこ》の感情《かんじょう》の動《うご》きやその背景《はいけい》を洞察《どうさつ》することは、自己覚知《じこかくち》を深《ふか》めていくうえでとても大切《たいせつ》です。そのほか、ラポールを形成《けいせい》するには**受容《じゅよう》**や**共感《きょうかん》**の技法《ぎほう》を理解《りかい》しておくとよいでしょう。

【受容《じゅよう》】
相手《あいて》の価値観《かちかん》を尊重《そんちょう》し、あるがままに受《う》け入《い》れること。

【共感《きょうかん》】
相手《あいて》の感情《かんじょう》を把握《はあく》し、その感情《かんじょう》に寄《よ》り添《そ》うこと。

▶コミュニケーションの技法《ぎほう》

ふだん、友達《ともだち》と話《はな》すとき、どのような手段《しゅだん》を用《もち》いていますか？

会《あ》って話《はな》したり、メールしたり…言葉《ことば》を使《つか》って会話《かいわ》しています。

そうですね。言葉《ことば》は気持《きも》ちを伝《つた》えるのに有効《ゆうこう》な手段《しゅだん》ですよね。しかし実際《じっさい》には7～8割《わり》は**言葉以外《ことばいがい》の要素《ようそ》**からメッセージを受《う》け取《と》っているといわれています。

言葉以外《ことばいがい》の要素《ようそ》って何《なに》があるんですか？

コミュニケーションには、**言語的《げんごてき》コミュニケーション**と**非言語《ひげんご》的《てき》コミュニケーション**の2種類《しゅるい》があります。

KEYWORD

【言語的《げんごてき》コミュニケーション】

言語《げんご》によって主《おも》に情報《じょうほう》の内容《ないよう》を伝《つた》える。

例《れい》）会話《かいわ》、電話《でんわ》、手紙《てがみ》、メール、筆談《ひつだん》 等《とう》

【非言語的《ひげんごてき》コミュニケーション】

言語以外《げんごいがい》の手段《しゅだん》によって主《おも》に感情《かんじょう》や思《おも》いを伝《つた》える。

例《れい》）表情《ひょうじょう》、視線《しせん》、姿勢《しせい》、服装《ふくそう》、声《こえ》のトーン 等《とう》

では、国家試験《こっかしけん》の問題《もんだい》から学《まな》んでみましょう。

第《だい》33回《かい》 - 問題《もんだい》4

Bさん(80歳《さい》、男性《だんせい》)は、訪問介護《ほうもんかいご》(ホームヘルプサービス)を利用《りよう》しながら自宅《じたく》で一人暮《ひとりぐ》らしをしている。最近《さいきん》、自宅《じたく》で転倒《てんとう》してから、一人《ひとり》で生活《せいかつ》をしていくことに不安《ふあん》を持《も》つこともある。訪問介護員《ほうもんかいごいん》(ホームヘルパー)がBさんに、「お一人《ひとり》での生活《せいかつ》は大丈夫《だいじょうぶ》ですか。何《なに》か困《こま》っていることはありませんか」と尋《たず》ねたところ、Bさんは、「大丈夫《だいじょうぶ》」と不安《ふあん》そうな表情《ひょうじょう》で答《こた》えた。

Bさんが伝《つた》えようとしたメッセージに関《かん》する次《つぎ》の記述《きじゅつ》のうち、最《もっと》も適切《てきせつ》なものを1つ選《えら》びなさい。

1 言語《げんご》メッセージと同《おな》じ内容《ないよう》を非言語《ひげんご》メッセージで強調《きょうちょう》している。

2 言語《げんご》で伝《つた》えた内容《ないよう》を非言語《ひげんご》メッセージで補強《ほきょう》している。

3 言語《げんご》の代《か》わりに非言語《ひげんご》だけを用《もち》いてメッセージを伝《つた》えている。

4 言語《げんご》メッセージと矛盾《むじゅん》する内容《ないよう》を非言語《ひげんご》メッセージで伝《つた》えている。

5 非言語《ひげんご》メッセージを用《もち》いて言葉《ことば》の流《なが》れを調整《ちょうせい》している。

【正解《せいかい》】4

大丈夫《だいじょうぶ》と言《い》いつつも、不安《ふあん》そうな表情《ひょうじょう》をしていたところがポイントですね。

そのとおりですね。この問題《もんだい》のように言語《げんご》メッセージと矛盾《むじゅん》する内容《ないよう》を非《ひ》言語《げんご》メッセージ(表情《ひょうじょう》や声《こえ》のトーン等《とう》)が伝《つた》えることもあります。

そのほか、会話《かいわ》をするときは、相手《あいて》の話《はなし》を受動的《じゅどうてき》に聞《き》くのではなく、能動《のうどう》的《てき》にじっくりと耳《みみ》を傾《かたむ》けて聴《き》く**傾聴《けいちょう》**に努《つと》めることが大切《たいせつ》です。

チームマネジメント

チームマネジメントは新《あたら》しい介護福祉士《かいごふくしし》養成課程《ようせいかてい》のカリキュラムで加《くわ》えられた項目《こうもく》です。

介護《かいご》の現場《げんば》をよりよくしていくためにチームマネジメントが大切《たいせつ》と聞《き》きますが、結局《けっきょく》どんなものですか？

チームマネジメントは以下《いか》のKEYWORDのように定義《ていぎ》されます。
言《い》い換《か》えると、チームメンバー全員《ぜんいん》が役割《やくわり》と責任《せきにん》をもって行動《こうどう》し、チームの力《ちから》を高《たか》めていくことといえます。

チームメンバー全員《ぜんいん》というと、管理職《かんりしょく》から新人職員《しんじんしょくいん》まですべてのメンバーの力《ちから》が大切《たいせつ》になるのですね。

そのとおりです。なかでも介護福祉士《かいごふくしし》は介護《かいご》を行《おこな》うチームの中《なか》で介護《かいご》の専門職《せんもんしょく》としての大《おお》きな責任《せきにん》があり、期待《きたい》が寄《よ》せられています。

KEYWORD

【チームマネジメント】

チームが行動《こうどう》するために必要《ひつよう》な目標《もくひょう》を設定《せってい》し、目標達成《もくひょうたっせい》のためにさまざまな資源《しげん》を効率的《こうりつてき》に活用《かつよう》するしくみを整《ととの》える働《はたら》きのこと。

試験対策《しけんたいさく》としては、どのようなことを勉強《べんきょう》すればよいですか？

組織《そしき》の運営管理《うんえいかんり》のあり方《かた》、人材《じんざい》の育成《いくせい》や活用《かつよう》などの人材《じんざい》管理《かんり》、それらに必要《ひつよう》なリーダーシップやフォロワーシップなどについて学《まな》ぶとよいと思《おも》います。

次《つぎ》の問題《もんだい》を解《と》いてみてください。

一問一答《いちもんいっとう》（○×チェック）

① チームマネジメントは管理職《かんりしょく》が役割《やくわり》と責任《せきにん》をもって取《と》り組《く》むことで達成《たっせい》される。【×】

② リーダーが発揮《はっき》すべき意識《いしき》や行動《こうどう》をリーダーシップという。【○】

③ リーダーが指示《しじ》や助言《じょげん》を通《とお》して知識《ちしき》や技術《ぎじゅつ》、方法《ほうほう》を教《おし》えることをコーチングという。【×】

④ 仕事《しごと》を通《とお》した訓練《くんれん》・学《まな》びのことをOJTという。【○】

⑤ 職場内《しょくばない》で指導《しどう》する側《がわ》をスーパーバイザー、指導《しどう》を受《う》ける側《がわ》をスーパーバイジーという。【○】

チームマネジメントの方法《ほうほう》は、いろいろあることがわかりました。

第《だい》35回《かい》試験《しけん》では、組織《そしき》におけるPDCAサイクルとOJTに関《かん》する出題《しゅつだい》がありました。

仕事《しごと》にも役立《やくだ》つので、しっかり学《まな》びたいと思《おも》います。

社会《しゃかい》の理解《りかい》

『社会《しゃかい》の理解《りかい》』では、介護福祉士《かいごふくしし》が知《し》っておくべき法律《ほうりつ》や制度《せいど》についての知識《ちしき》が問《と》われます。多《おお》くの受験生《じゅけんせい》が学習《がくしゅう》に時間《じかん》をかける科目《かもく》ともいえます。

介護福祉士《かいごふくしし》の国家試験《こっかしけん》では、法律《ほうりつ》や制度《せいど》に関《かん》する知識《ちしき》も問《と》われるのですね。覚《おぼ》えることがたくさんあるのではないでしょうか。

社会福祉法人《しゃかいふくしほうじん》

ポイントを絞《しぼ》って効率的《こうりつてき》な学習《がくしゅう》を進《すす》めていくようにすれば、クリアできます。受験書籍《じゅけんしょせき》を使用《しよう》して、よく出《で》る項目《こうもく》を中心《ちゅうしん》に学習《がくしゅう》を進《すす》めましょう。まずは「**社会福祉法人《しゃかいふくしほうじん》**」から紹介《しょうかい》します。

私《わたし》の住《す》んでいる町《まち》にもあります！　社会福祉法人《しゃかいふくしほうじん》○○会《かい》と書《か》かれた車《くるま》が走《はし》っているのもよく見《み》かけます。

KEYWORD

【社会福祉法人《しゃかいふくしほうじん》】

社会福祉事業《しゃかいふくしじぎょう》を行《おこな》うことを目的《もくてき》として、社会福祉法《しゃかいふくしほう》に基《もと》づいて設立《せつりつ》される法人《ほうじん》のこと。社会福祉法人《しゃかいふくしほうじん》の設立認可《せつりつにんか》は、市長《しちょう》、都道府県知事《とどうふけんちじ》または厚生労働大臣《こうせいろうどうだいじん》が行《おこな》う。事業《じぎょう》には「公益事業《こうえきじぎょう》」と「収益事業《しゅうえきじぎょう》」がある。

社会福祉法人《しゃかいふくしほうじん》に関《かん》して、2016(平成《へいせい》28)年《ねん》に大規模《だいきぼ》な改正《かいせい》が実施《じっし》されました。**具体的《ぐたいてき》に何《なに》が改正《かいせい》されたのか**という点《てん》をチェックしておくことが大切《たいせつ》です。以下《いか》の問題《もんだい》を見《み》てみましょう。

第《だい》31回《かい》-問題《もんだい》16

社会福祉法人《しゃかいふくしほうじん》に関《かん》する次《つぎ》の記述《きじゅつ》のうち、適切《てきせつ》なものを1つ選《えら》びなさい。

① 設立《せつりつ》にあたっては、所在地《しょざいち》の都道府県知事《とどうふけんちじ》が厚生労働大臣《こうせいろうどうだいじん》に届出《とどけで》を行《おこな》う。

② 収益事業《しゅうえきじぎょう》は実施《じっし》することができない。

③ 事業運営《じぎょううんえい》の透明性《とうめいせい》を高《たか》めるために、財務諸表《ざいむしょひょう》を公表《こうひょう》することとされている。

④ 評議員会《ひょうぎいんかい》の設置《せっち》は任意《にんい》である。

⑤ 福祉人材確保《ふくしじんざいかくほ》に関《かん》する指針《ししん》を策定《さくてい》する責務《せきむ》がある。

【正解《せいかい》】③

これはとても難《むずか》しい問題《もんだい》に感《かん》じます。

最初《さいしょ》はそうかもしれません。でも、**改正《かいせい》のポイントを絞《しぼ》った学習《がくしゅう》**をすれば、正答《せいとう》はすぐに導《みちび》き出《だ》せるはずです。以下《いか》に改正《かいせい》のポイントをあげてみます。

【社会福祉法人《しゃかいふくしほうじん》に関《かん》する法律《ほうりつ》の改正《かいせい》の主《おも》なポイント】

1. 定款《ていかん》や計算書類《けいさんしょるい》などを国民一般《こくみんいっぱん》が閲覧《えつらん》する規定《きてい》が整備《せいび》された。
2. 理事《りじ》や評議員《ひょうぎいん》の員数《いんすう》など、経営組織《けいえいそしき》が見直《みなお》された。
3. 事業運営《じぎょううんえい》の透明性《とうめいせい》の向上《こうじょう》が図《はか》られた。

▶育児《いくじ》・介護休業法《かいごきゅうぎょうほう》

ワーク・ライフ・バランスの実現《じつげん》のために、現在《げんざい》、育児《いくじ》や介護《かいご》は家族《かぞく》だけでなく、社会《しゃかい》が積極的《せっきょくてき》に担《にな》うための法律《ほうりつ》が整備《せいび》されています。

仕事《しごと》を続《つづ》けながら子育《こそだ》てをする！

仕事《しごと》を続《つづ》けながら介護《かいご》をする！

「**育児《いくじ》・介護休業法《かいごきゅうぎょうほう》**」ですね。制定《せいてい》されてからこれまでに数回《すうかい》の改正《かいせい》を重《かさ》ねてきました。その理由《りゆう》は、簡単《かんたん》に表現《ひょうげん》すると「**この制度《せいど》をより使《つか》いやすいものにするため**」だといえます。

KEYWORD

【育児《いくじ》・介護休業法《かいごきゅうぎょうほう》】

正式名称《せいしきめいしょう》は「育児休業《いくじきゅうぎょう》、介護休業等育児又《かいごきゅうぎょうとういくじまた》は家族介護《かぞくかいご》を行《おこな》う労働者《ろうどうしゃ》の福祉《ふくし》に関《かん》する法律《ほうりつ》」。1991（平成《へいせい》3）年《ねん》に「育児休業等《いくじきゅうぎょうとう》に関《かん》する法律《ほうりつ》」として制定《せいてい》され、これまで数回《すうかい》の改正《かいせい》を重《かさ》ねてきている。

たとえばどのような改正《かいせい》がされたのでしょうか？

簡単《かんたん》に表現《ひょうげん》すると、「休《やす》みを**分割取得《ぶんかつしゅとく》**できるようになった」ということです。

1日単位《にちたんい》で取得《しゅとく》するものが、半日単位《はんにちたんい》となり、さらに時間単位《じかんたんい》で取得《しゅとく》できるように改正《かいせい》されたのですよね！

第《だい》31回《かい》-問題《もんだい》8

「育児《いくじ》・介護休業法《かいごきゅうぎょうほう》」に関《かん》する次《つぎ》の記述《きじゅつ》のうち、適切《てきせつ》なものを1つ選《えら》びなさい。

① 契約社員《けいやくしゃいん》は、育児休業《いくじきゅうぎょう》を取得《しゅとく》できない。

② 介護休業《かいごきゅうぎょう》は、対象家族一人《たいしょうかぞくひとり》につき連続《れんぞく》して取得《しゅとく》しなければならない。

③ 介護休業《かいごきゅうぎょう》は、育児休業《いくじきゅうぎょう》よりも先《さき》に制度化《せいどか》された。

④ 雇用主《こようぬし》には、育児休業中《いくじきゅうぎょうちゅう》の給与支給《きゅうよしきゅう》が義務《ぎむ》づけられている。

⑤ 配偶者《はいぐうしゃ》、父母《ふぼ》、子《こ》、配偶者《はいぐうしゃ》の父母《ふぼ》は、介護休業《かいごきゅうぎょう》の対象家族《たいしょうかぞく》である。

【正解《せいかい》】❺

「対象家族《たいしょうかぞく》」は親《おや》や子《こ》だけではないのですね！

そうです。介護休業《かいごきゅうぎょう》の「対象家族《たいしょうかぞく》」とは、**労働者《ろうどうしゃ》の配偶者《はいぐうしゃ》、父母《ふぼ》、子《こ》、祖父母《そふぼ》、兄弟姉妹《きょうだいしまい》、孫《まご》、配偶者《はいぐうしゃ》の父母《ふぼ》**をさします。

「介護《かいご》」という文字《もじ》があると高齢者《こうれいしゃ》を連想《れんそう》するかもしれませんが、対象《たいしょう》は広《ひろ》いことを理解《りかい》しましょう。

私《わたし》のまわりにも「産後《さんご》パパ育休《いくきゅう》(出生時育児休業《しゅっせいじいくじきゅうぎょう》)」を取得《しゅとく》した人《ひと》がいます。私《わたし》も将来《しょうらい》、結婚《けっこん》して子《こ》どもに恵《めぐ》まれたら育児休暇《いくじきゅうか》を取得《しゅとく》したいなという気持《きも》ちになりました。

▶地域包括《ちいきほうかつ》ケアシステム

地域包括《ちいきほうかつ》ケアシステムとは、市町村《しちょうそん》や都道府県《とどうふけん》が地域《ちいき》の自主性《じしゅせい》や主体性《しゅたいせい》によって、**その地域《ちいき》の実情《じつじょう》や特性《とくせい》に応《おう》じて構築《こうちく》するケアシステム**のことをいいます。

包括《ほうかつ》ケアという言葉《ことば》は、近年《きんねん》よく目《め》や耳《みみ》にしますが、どういうことなのでしょうか。

何《なに》かに特化《とっか》しないで、みんな一緒《いっしょ》に、というイメージがあります。

そうですね。**ソーシャル・インクルージョン**※という言葉《ことば》がありますが、それに近《ちか》いイメージになるでしょう。

※社会的包摂《しゃかいてきほうせつ》などと訳《やく》される。共《とも》に生《い》き、支《ささ》え合《あ》うこと。

難《むずか》しい問題《もんだい》が出題《しゅつだい》されそうな項目《こうもく》ですね。

KEYWORD

【地域包括《ちいきほうかつ》ケアシステム】

おおむね30分以内《ぶんいない》に必要《ひつよう》なサービスが提供《ていきょう》される日常生活圏域《にちじょうせいかつけんいき》で、地域《ちいき》の特性《とくせい》や個々人《こごじん》のニーズに応《おう》じて、医療《いりょう》・介護《かいご》・予防《よぼう》・住《す》まい・生活支援《せいかつしえん》が一体的《いったいてき》に提供《ていきょう》される地域《ちいき》での体制《たいせい》のこと。

簡単《かんたん》にいえば、地域包括《ちいきほうかつ》ケアシステムは、住《す》みなれた地域《ちいき》で、自分《じぶん》らしい主体的《しゅたいてき》な生活《せいかつ》を継続《けいぞく》するための体制《たいせい》を作《つく》るということです。

それでは、実際《じっさい》に出題《しゅつだい》された問題《もんだい》を見《み》てみましょう。

第《だい》32回《かい》-問題《もんだい》5

地域包括《ちいきほうかつ》ケアシステムでの自助《じじょ》・互助《ごじょ》・共助《きょうじょ》・公助《こうじょ》に関《かん》する次《つぎ》の記述《きじゅつ》のうち、最《もっと》も適切《てきせつ》なものを1つ選《えら》びなさい。

1. 自助《じじょ》は、公的扶助《こうてきふじょ》を利用《りよう》して、自《みずか》ら生活《せいかつ》を維持《いじ》することをいう。
2. 互助《ごじょ》は、社会保険《しゃかいほけん》のように制度化《せいどか》された相互扶助《そうごふじょ》をいう。
3. 共助《きょうじょ》は、社会保障制度《しゃかいほしょうせいど》に含《ふく》まれない。
4. 共助《きょうじょ》は、近隣住民同士《きんりんじゅうみんどうし》の支《ささ》え合《あ》いをいう。
5. 公助《こうじょ》は自助《じじょ》・互助《ごじょ》・共助《きょうじょ》では対応《たいおう》できない生活困窮等《せいかつこんきゅうとう》に対《たい》応《おう》する。

【正解《せいかい》】5

基本《きほん》となるのは自助《じじょ》でしょうか。

そのとおりです。**自助《じじょ》を基本《きほん》**として、**互助《ごじょ》**や**共助《きょうじょ》**、**公助《こうじょ》**がそれぞれの役割《やくわり》や機能《きのう》を果《は》たすといったイメージをもつとよいでしょう。

共助《きょうじょ》や公助《こうじょ》には、どのようなものがあるのでしょうか。

たとえば、「共助《きょうじょ》」には介護保険制度《かいごほけんせいど》における「**社会保険《しゃかいほけん》**」などがあります。「公助《こうじょ》」は生活保護《せいかつほご》のような「**社会扶助《しゃかいふじょ》**」などをイメージするとわかりやすいでしょう。

第《だい》35回試験《かいしけん》では総合問題《そうごうもんだい》の事例《じれい》として出題《しゅつだい》されています。自助《じじょ》、互助《ごじょ》、共《きょう》助《じょ》、公助《こうじょ》について例《れい》をあげて考《かんが》えてみましょう。

日本《にほん》の社会保障制度《しゃかいほしょうせいど》

日本《にほん》の社会保障制度《しゃかいほしょうせいど》は、「社会保険《しゃかいほけん》」と「社会扶助《しゃかいふじょ》」に大別《たいべつ》されています。まずはその分類《ぶんるい》を理解《りかい》しましょう。

下《した》の表《ひょう》を見《み》ると、社会保険《しゃかいほけん》は、私《わたし》たちに身近《みぢか》なものばかりなのですね。

社会扶助《しゃかいふじょ》は、家族手当制度《かぞくてあてせいど》や公的扶助《こうてきふじょ》や**社会福祉制度《しゃかいふくしせいど》**などのことなのですね。

そのとおりです。社会保険《しゃかいほけん》は国民《こくみん》が貧困《ひんこん》にならないための「**防貧対策《ぼうひんたいさく》**」とも呼《よ》ばれ、社会扶助《しゃかいふじょ》は国民《こくみん》を貧困《ひんこん》から救《すく》うための「**救貧対策《きゅうひんたいさく》**」と呼《よ》ばれることもあります。

POINT

【日本《にほん》の社会保障制度《しゃかいほしょうせいど》】

社会保障制度《しゃかいほしょうせいど》の種類《しゅるい》

社会保険《しゃかいほけん》					社会扶助《しゃかいふじょ》					
					公的扶助《こうてきふじょ》	社会《しゃかい》サービス				社会手当《しゃかいてあて》
年金保険《ねんきんほけん》	医療保険《いりょうほけん》	介護保険《かいごほけん》	雇用保険《こようほけん》	労働者災害補償保険《ろうどうしゃさいがいほしょうほけん》	生活保護《せいかつほご》	高齢者福祉《こうれいしゃふくし》	児童福祉《じどうふくし》	障害《しょうがい》(児《じ》)者福祉《しゃふくし》	母子《ぼし》・父子《ふし》・寡婦福祉《かふふくし》	児童手当《じどうてあて》・児童扶養手当《じどうふようてあて》など

出題《しゅつだい》された問題《もんだい》から、イメージをつかんでみましょう。

第《だい》29回《かい》 - 問題《もんだい》7

日本《にほん》の社会保険制度《しゃかいほけんせいど》に関《かん》する次《つぎ》の記述《きじゅつ》のうち、適切《てきせつ》なものを1つ選《えら》びなさい。

1. 加入《かにゅう》は、個人《こじん》が選択《せんたく》できる。
2. 保険料《ほけんりょう》だけで運営《うんえい》され、公費負担《こうひふたん》は行《おこな》われない。
3. 医療保険《いりょうほけん》、年金保険《ねんきんほけん》、雇用保険《こようほけん》、労災保険《ろうさいほけん》、介護保険《かいごほけん》の5つである。
4. 給付《きゅうふ》の形態《けいたい》は、現金給付《げんきんきゅうふ》に限《かぎ》られる。
5. 保険料《ほけんりょう》は、加入者個人《かにゅうしゃこじん》のリスクに見合《みあ》った額《がく》になる。

【正解《せいかい》】③

社会保障制度《しゃかいほしょうせいど》の骨格《こっかく》を整理《せいり》しておくだけで解答《かいとう》できる問題《もんだい》も出題《しゅつだい》されるのですね。

本当《ほんとう》だ！　まずは左《ひだり》の表《ひょう》にある種類《しゅるい》を正確《せいかく》に覚《おぼ》えることが大切《たいせつ》だということがわかりました。

それはよかったです。介護福祉職《かいごふくししょく》の日頃《ひごろ》の実務《じつむ》とは直接的《ちょくせつてき》な関係《かんけい》がないため、国家試験《こっかしけん》の受験《じゅけん》をする人《ひと》たちはこの分野《ぶんや》の学習《がくしゅう》に十分《じゅうぶん》な時間《じかん》をかけています。苦手意識《にがていしき》がある人《ひと》は克服《こくふく》できるとよいですね。

私《わたし》も苦手意識《にがていしき》がありましたが、まずは社会保障制度《しゃかいほしょうせいど》の種類《しゅるい》をきちんと覚《おぼ》えることから始《はじ》めます！

介護保険制度《かいごほけんせいど》の変遷《へんせん》

介護保険制度《かいごほけんせいど》は2000（平成《へいせい》12）年《ねん》にスタートしました。原則《げんそく》として**3年《ねん》に1回《かい》の制度改正《せいどかいせい》**が実施《じっし》されることになっていますので、その経《けい》過《か》をきちんと理解《りかい》しておくことが大切《たいせつ》です。

一番最近《いちばんさいきん》の改正《かいせい》は、2024（令和《れいわ》6）年施行《ねんせこう》のものですね。

どこまでさかのぼって改正《かいせい》の経過《けいか》を整理《せいり》するといいのでしょうか？

断定的《だんていてき》なことは言《い》えませんが、最低《さいてい》でも

① 2014（平成《へいせい》26）年改正《ねんかいせい》→2015（平成《へいせい》27）年施行《ねんせこう》

② 2017（平成《へいせい》29）年改正《ねんかいせい》→2018（平成《へいせい》30）年施行《ねんせこう》

③ 2020（令和《れいわ》2）年改正《ねんかいせい》→2021（令和《れいわ》3）年施行《ねんせこう》

④ 2023（令和《れいわ》5）年改正《ねんかいせい》→2024（令和《れいわ》6）年施行《ねんせこう》

の4回分《かいぶん》は整理《せいり》しておきたいところです。

KEYWORD

【介護保険制度《かいごほけんせいど》】

・2000（平成《へいせい》12）年《ねん》にスタート。
・要介護状態《ようかいごじょうたい》になっても可能《かのう》な限《かぎ》り居宅《きょたく》で自立《じりつ》した生活《せいかつ》を送《おく》るための制度《せいど》。
・保険者《ほけんしゃ》は市町村《しちょうそん》および特別区《とくべつく》。
・財源《ざいげん》は保険料《ほけんりょう》と公費《こうひ》。
・原則《げんそく》、3年《ねん》に1回《かい》の改正《かいせい》がある。

職場《しょくば》で介護福祉士《かいごふくしし》の試験《しけん》に合格《ごうかく》した先輩《せんぱい》が、「介護保険《かいごほけん》を制《せい》する者《もの》は国家《こっか》試験《しけん》を制《せい》する！」と教《おし》えてくれました。

第《だい》31回《かい》-問題《もんだい》12

2018年《ねん》(平成《へいせい》30年《ねん》)に施行《せこう》された介護保険制度《かいごほけんせいど》の利用者負担《りようしゃふたん》に関《かん》する次《つぎ》の記述《きじゅつ》のうち、正《ただ》しいものを1つ選《えら》びなさい。

1. 施設《しせつ》の食費《しょくひ》は、材料費等《ざいりょうひとう》の実費《じっぴ》を新《あら》たに全額自己負担《ぜんがくじこふたん》することになった。
2. 補足給付《ほそくきゅうふ》の支給要件《しきゅうようけん》から資産《しさん》が除《のぞ》かれた。
3. 居宅介護《きょたくかいご》サービス計画費《けいかくひ》について自己負担《じこふたん》が導入《どうにゅう》された。
4. 施設《しせつ》の居住費《きょじゅうひ》は、新《あら》たに保険給付《ほけんきゅうふ》の対象外《たいしょうがい》とされた。
5. 一定以上《いっていいじょう》の所得《しょとく》のある利用者《りようしゃ》に対《たい》して3割負担《わりふたん》が導入《どうにゅう》された。

【正解《せいかい》】⑤

介護保険制度改正《かいごほけんせいどかいせい》の概要《がいよう》

2014(平成《へいせい》26)年改正《ねんかいせい》 2015(平成《へいせい》27)年施行《ねんせこう》	・指定介護老人福祉施設《していかいごろうじんふくししせつ》の入所者《にゅうしょしゃ》を原則要介護《げんそくようかいご》3以上《いじょう》に ・予防給付《よぼうきゅうふ》(訪問介護《ほうもんかいご》・通所介護《つうしょかいご》)を介護予防《かいごよぼう》・日常生活支援総合事業《にちじょうせいかつしえんそうごうじぎょう》(地域支援事業《ちいきしえんじぎょう》)へ移行《いこう》 ・利用者《りようしゃ》の2割負担導入《わりふたんどうにゅう》 ・地域《ちいき》ケア会議《かいぎ》の位置《いち》づけ
2017(平成《へいせい》29)年改正《ねんかいせい》 2018(平成《へいせい》30)年施行《ねんせこう》	・介護医療院《かいごいりょういん》の創設《そうせつ》　・共生型《きょうせいがた》サービスの創設《そうせつ》 ・第《だい》2号被保険者《ごうひほけんしゃ》に総報酬割導入《そうほうしゅうわりどうにゅう》 ・利用者《りようしゃ》の3割負担導入《わりふたんどうにゅう》
2020(令和《れいわ》2)年改正《ねんかいせい》 2021(令和《れいわ》3)年施行《ねんせこう》	・高額介護《こうがくかいご》サービス費《ひ》の上限額一部《じょうげんがくいちぶ》引《ひ》き上《あ》げ ・「断《ことわ》らない相談支援《そうだんしえん》」スタート
2023(令和《れいわ》5)年改正《ねんかいせい》 2024(令和《れいわ》6)年施行《ねんせこう》	・介護情報基盤《かいごじょうほうきばん》の整備《せいび》 ・介護《かいご》サービス事業者《じぎょうしゃ》の財務状況等《ざいむじょうきょうとう》の見《み》える化《か》 ・看護小規模多機能型居宅介護《かんごしょうきぼたきのうがたきょたくかいご》のサービス内容《ないよう》の明確化《めいかくか》 ・地域包括支援《ちいきほうかつしえん》センターの体制整備等《たいせいせいびとう》

▶地域共生社会《ちいききょうせいしゃかい》

これは第《だい》35回《かい》の国家試験《こっかしけん》から**新《あら》たに追加《ついか》された項目《こうもく》**です。よく理《り》解《かい》しておきましょう。

地域包括《ちいきほうかつ》ケアシステムとか、地域共生社会《ちいききょうせいしゃかい》とか「**地域《ちいき》**」という言葉《ことば》をよく目《め》にしますね。

「地域《ちいき》」とつくものが多《おお》くて混乱《こんらん》しそうです。

そうかもしれませんね。まずは、「地域《ちいき》」という言葉《ことば》がつくものは、**より住《じゅう》民《みん》に近《ちか》いところで行《い》き届《とど》いた支援《しえん》をするためのもの**と考《かんが》えるとよいかもしれません。

なるほど！

KEYWORD

【地域共生社会《ちいききょうせいしゃかい》】

制度《せいど》や分野《ぶんや》ごとの「縦割《たてわ》り」や「支《ささ》え手《て》・受《う》け手《て》」という関係《かんけい》を超《こ》えて、すべての住民《じゅうみん》が支《ささ》え合《あ》い、自分《じぶん》らしく活躍《かつやく》できる地域《ちいき》コミュニティの創出《そうしゅつ》を目指《めざ》すもの。

P38にある「地域包括《ちいきほうかつ》ケアシステム」と「地域共生社会《ちいききょうせいしゃかい》」の整理《せいり》を簡単《かんたん》にしておきましょう。

地域包括《ちいきほうかつ》ケアシステム （制度《せいど》・分野《ぶんや》ごとの「縦割《たてわ》り」）	➡ 進化《しんか》	地域共生社会《ちいききょうせいしゃかい》 （人《ひと》と資源《しげん》が世代《せだい》や分野《ぶんや》を超《こ》えて「我《わ》が事《こと》・丸《まる》ごと」）

第《だい》35回《かい》－問題《もんだい》 8

近年《きんねん》、人《ひと》と人《ひと》、人《ひと》と社会《しゃかい》とがつながり、一人《ひとり》ひとりが生《い》きがいや役割《やくわり》をもち、助《たす》け合《あ》いながら暮《く》らしていくことのできる、包摂的《ほうせつてき》なコミュニティ、地域《ちいき》や社会《しゃかい》を創《つく》るという考《かんが》え方《かた》が示《しめ》されている。この考《かんが》え方《かた》を表《あらわ》すものとして、最《もっと》も適切《てきせつ》なものを 1 つ選《えら》びなさい。

1. ナショナルミニマム(national minimum)
2. バリアフリー社会《しゃかい》
3. 介護《かいご》の社会化《しゃかいか》
4. 生涯現役社会《しょうがいげんえきしゃかい》
5. 地域共生社会《ちいききょうせいしゃかい》

【正解《せいかい》】5

地域共生社会《ちいききょうせいしゃかい》を実現《じつげん》するためのサービスにはどのようなものがありますか？

共生型《きょうせいがた》サービスがあります。これは介護保険《かいごほけん》サービスと障害福祉《しょうがいふくし》サービスを包括《ほうかつ》したイメージをもつとよいでしょう。共生社会《きょうせいしゃかい》は、**高齢《こうれい》や障害《しょうがい》といったサービスの垣根《かきね》を超《こ》えた支《ささ》え合《あ》い**と考《かんが》えてくださいね。

共生型《きょうせいがた》サービス

	介護保険《かいごほけん》サービス		障害福祉《しょうがいふくし》サービス等《とう》
ホームヘルプサービス	訪問介護《ほうもんかいご》	↔	居宅介護《きょたくかいご》、重度訪問介護《じゅうどほうもんかいご》
デイサービス	通所介護《つうしょかいご》(地域密着型《ちいきみっちゃくがた》を含《ふく》む)	↔	生活介護《せいかつかいご》、自立訓練《じりつくんれん》(機能訓練《きのうくんれん》・生活訓練《せいかつくんれん》)、児童発達支援《じどうはったつしえん》、放課後等《ほうかごとう》デイサービス
	療養通所介護《りょうようつうしょかいご》	↔	生活介護《せいかつかいご》、児童発達支援《じどうはったつしえん》、放課後等《ほうかごとう》デイサービス
ショートステイ	短期入所生活介護《たんきにゅうしょせいかつかいご》(予防《よぼう》を含《ふく》む)	↔	短期入所《たんきにゅうしょ》

障害者自立支援制度《しょうがいしゃじりつしえんせいど》の変遷《へんせん》

ここでは障害《しょうがい》のある人《ひと》を支援《しえん》するための制度《せいど》の変遷《へんせん》について整理《せいり》しましょう。

介護保険制度《かいごほけんせいど》の変遷《へんせん》と同《おな》じようなイメージでしょうか。

それとは少《すこ》し異《こと》なります。介護保険制度《かいごほけんせいど》の場合《ばあい》は、制度《せいど》の枠《わく》の中《なか》での改正《かいせい》の経過《けいか》を整理《せいり》しましたが、**障害者自立支援制度《しょうがいしゃじりつしえんせいど》**はそれ以外《いがい》にも、**制《せい》度《ど》の枠《わく》そのものが変《か》わってきた**という点《てん》に特徴《とくちょう》があります。

大《おお》きな改革《かいかく》が行《おこな》われてきた歴史《れきし》があるのですね。

まずは、以下《いか》の3点《てん》を柱《はしら》とします。次《つぎ》に、それぞれの制度《せいど》や法律《ほうりつ》において改《かい》正《せい》が行《おこな》われた点《てん》に着目《ちゃくもく》して、その点《てん》の整理《せいり》をします。そこは介護保険制度《かいごほけんせいど》の整理《せいり》のしかたと一緒《いっしょ》ですね。

POINT

【障害者総合支援法《しょうがいしゃそうごうしえんほう》が制定《せいてい》されるまでの主《おも》な経過《けいか》】

① 2000(平成《へいせい》12)年《ねん》に支援費制度《しえんひせいど》が導入《どうにゅう》された※。

② 2006(平成《へいせい》18)年《ねん》に障害者自立支援法《しょうがいしゃじりつしえんほう》が導入《どうにゅう》された。

③ 2013(平成《へいせい》25)年《ねん》に障害者総合支援法《しょうがいしゃそうごうしえんほう》が導入《どうにゅう》された。

※支援費制度《しえんひせいど》の導入《どうにゅう》により、障害者《しょうがいしゃ》が自《みずか》らサービスを選択《せんたく》し、契約《けいやく》によりサービスを利用《りよう》するしくみとなった。

①②③はそれぞれ別《べつ》の制度《せいど》や法律《ほうりつ》だと思《おも》っていましたが、同《おな》じくくりとして考《かんが》えればよいのですね！

第《だい》31回《かい》-問題《もんだい》13

2016年《ねん》(平成《へいせい》28年《ねん》)の「障害者総合支援法《しょうがいしゃそうごうしえんほう》」の改正内容《かいせいないよう》として、適切《てきせつ》なものを1つ選《えら》びなさい。

1. 放課後《ほうかご》や休日《きゅうじつ》に児童《じどう》・生徒《せいと》の活動《かつどう》を支援《しえん》する放課後等《ほうかごとう》デイサービスが創設《そうせつ》された。
2. 一人暮《ひとりぐ》らしを希望《きぼう》する障害者《しょうがいしゃ》に対《たい》して、地域生活《ちいきせいかつ》を支援《しえん》する自立生活援助《じりつせいかつえんじょ》が創設《そうせつ》された。
3. 障害者《しょうがいしゃ》の1年間以上《ねんかんいじょう》の雇用継続《こようけいぞく》を義務《ぎむ》づける就労定着支援《しゅうろうていちゃくしえん》が創設《そうせつ》された。
4. 保育所等《ほいくじょとう》を訪問《ほうもん》して、障害児《しょうがいじ》に発達支援《はったつしえん》を提供《ていきょう》する保育所《ほいくじょ》等訪問支援《とうほうもんしえん》が創設《そうせつ》された。
5. 医療的《いりょうてき》ケアを必要《ひつよう》とする障害児《しょうがいじ》への支援《しえん》として、医療型障《いりょうがたしょう》害児入所施設《がいじにゅうしょしせつ》が創設《そうせつ》された。

【正解《せいかい》】②

制度改正《せいどかいせい》については、「**公布日《こうふび》**」と「**施行日《せこうび》**」**が異《こと》なります**。それは、法改正《ほうかいせい》の内容《ないよう》が公布《こうふ》されたあとに施行《せこう》されるからです。

介護保険制度《かいごほけんせいど》と同様《どうよう》に、学習《がくしゅう》には多《おお》くの時間《じかん》をかけて取《と》り組《く》む必要《ひつよう》があることがわかります。

落《お》ち着《つ》いて整理《せいり》してみてくださいね。以下《いか》に、2018(平成《へいせい》30)年度《ねんど》から新《あら》たに創設《そうせつ》されたサービスをまとめてみます。

【2018(平成《へいせい》30)年度《ねんど》からスタートしたサービス】(2016〈平成《へいせい》28〉年公布《ねんこうふ》)
1. 自立生活援助《じりつせいかつえんじょ》
2. 就労定着支援《しゅうろうていちゃくしえん》
3. 居宅訪問型児童発達支援《きょたくほうもんがたじどうはったつしえん》

障害福祉《しょうがいふくし》サービス

障害者総合支援法《しょうがいしゃそうごうしえんほう》による支援《しえん》のしくみは、「**自立支援給付《じりつしえんきゅうふ》**」と「**地域《ちいき》生活支援事業《せいかつしえんじぎょう》**」の2つに大別《たいべつ》されています。まずはその大枠《おおわく》を整理《せいり》しましょう。

「**障害福祉《しょうがいふくし》サービス**」は、「自立支援給付《じりつしえんきゅうふ》」の中《なか》にある「介護給付《かいごきゅうふ》」と「訓練等給付《くんれんとうきゅうふ》」をあわせたものというとらえ方《かた》でよいですか？

そのとおりです。サービスは多岐《たき》にわたりますので、その概要《がいよう》と対象者《たいしょうしゃ》を一《ひと》つずつていねいに整理《せいり》する必要《ひつよう》があります。

最近《さいきん》の国家試験《こっかしけん》では、毎年《まいとし》のように出題《しゅつだい》があると聞《き》きました。全部覚《ぜんぶおぼ》えられるように、早《はや》めに学習《がくしゅう》に取《と》り組《く》まなくちゃ！

KEYWORD

【障害福祉《しょうがいふくし》サービス】

介護《かいご》の支援《しえん》を受《う》けるための「介護給付《かいごきゅうふ》」と、訓練等《くんれんとう》の支援《しえん》を受《う》けるための「訓練《くんれん》等給付《とうきゅうふ》」がある。入所系《にゅうしょけい》のサービスは、昼間《ひるま》と夜間《やかん》のサービスに分《わ》かれており、日中活動《にっちゅうかつどう》の生活《せいかつ》の場《ば》と住《す》まいとしての施設入所《しせつにゅうしょ》を組《く》み合《あ》わせて利用《りよう》することもできる。

ちなみに、「地域生活支援事業《ちいきせいかつしえんじぎょう》」は、市町村《しちょうそん》の創意工夫《そういくふう》により、利用者《りようしゃ》の状《じょう》況《きょう》に応《おう》じて柔軟《じゅうなん》に実施《じっし》できる事業《じぎょう》です。

実際《じっさい》の問題《もんだい》を見《み》てみましょう。

第《だい》34回《かい》-問題《もんだい》12

Eさん(30歳《さい》、女性《じょせい》、知的障害《ちてきしょうがい》、障害支援区分《しょうがいしえんくぶん》2)は、現在《げんざい》、日中《にっちゅう》は特例《とくれい》子会社《こがいしゃ》で働《はたら》き、共同生活援助《きょうどうせいかつえんじょ》(グループホーム)で生活《せいかつ》している。今後《こんご》、一人暮《ひとりぐ》らしをしたいと思《おも》っているが、初《はじ》めてなので不安《ふあん》もある。次《つぎ》のうち、Eさんが安心《あんしん》して一人暮《ひとりぐ》らしをするために利用《りよう》するサービスとして、適切《てきせつ》なものを1つ選《えら》びなさい。

① 行動援護《こうどうえんご》

② 同行援護《どうこうえんご》

③ 自立訓練《じりつくんれん》(機能訓練《きのうくんれん》)

④ 自立生活援助《じりつせいかつえんじょ》

⑤ 就労継続支援《しゅうろうけいぞくしえん》

【正解《せいかい》】④

この問題《もんだい》の選択肢《せんたくし》は、「介護給付《かいごきゅうふ》」と「訓練等給付《くんれんとうきゅうふ》」のサービスが入《い》り混《ま》じっていることがわかりますね。

すべてのサービスを正確《せいかく》に覚《おぼ》えることの大切《たいせつ》さがわかりました。

総合問題《そうごうもんだい》では、事例《じれい》のケースにおいて利用《りよう》するサービスを選《えら》ぶ問題《もんだい》も出題《しゅつだい》されています。それぞれのサービス内容《ないよう》を理解《りかい》することが求《もと》められます。

障害者差別解消法《しょうがいしゃさべつかいしょうほう》

障害者差別解消法《しょうがいしゃさべつかいしょうほう》は、2016(平成《へいせい》28)年《ねん》4月《がつ》に施行《せこう》された法律《ほうりつ》です。**共生社会《きょうせいしゃかい》の実現《じつげん》のために制定《せいてい》された法律《ほうりつ》**であると理解《りかい》するとよいでしょう。

障害者権利条約《しょうがいしゃけんりじょうやく》によって整備《せいび》されたのですよね！

障害者権利条約《しょうがいしゃけんりじょうやく》とは、どのようなものですか？

障害者《しょうがいしゃ》の権利《けんり》の実現《じつげん》のための措置等《そちとう》を規定《きてい》しているものであると理解《りかい》しておくとよいですね。そして、障害者差別解消法《しょうがいしゃさべつかいしょうほう》は施行後《せこうご》に改正《かいせい》があった点《てん》も注目《ちゅうもく》しておきましょう。

改正法《かいせいほう》が成立《せいりつ》したのが2021(令和《れいわ》3)年《ねん》5月《がつ》で、2024(令和《れいわ》6)年《ねん》4月《がつ》に施行《せこう》されたと聞《き》きました！

KEYWORD

【障害者差別解消法《しょうがいしゃさべつかいしょうほう》】

正式名称《せいしきめいしょう》は「障害《しょうがい》を理由《りゆう》とする差別《さべつ》の解消《かいしょう》に関《かん》する法律《ほうりつ》」。国《くに》の行政機関《ぎょうせいきかん》や地《ち》方公共団体《ほうこうきょうだんたい》、事業者等《じぎょうしゃとう》に不当《ふとう》な差別的《さべつてき》取《と》り扱《あつか》いを禁止《きんし》し、社会的障壁《しゃかいてきしょうへき》の除去《じょきょ》について必要《ひつよう》かつ合理的《ごうりてき》な配慮《はいりょ》を求《もと》めている。

合理的配慮《ごうりてきはいりょ》の具体例《ぐたいれい》をいくつかあげてみましょう。

①障害《しょうがい》のある人《ひと》の座席《ざせき》の場所《ばしょ》を配慮《はいりょ》する、②自分《じぶん》で書《か》くことが難《むずか》しい人《ひと》の代筆《だいひつ》をする、③絵《え》や写真《しゃしん》のカードを使用《しよう》して意思《いし》を伝《つた》えあうといったことなどがあります。

第《だい》35回試験《かいしけん》では事例問題《じれいもんだい》として出題《しゅつだい》されています。

第《だい》29回《かい》-問題《もんだい》12

「障害者差別解消法《しょうがいしゃさべつかいしょうほう》」に関《かん》する次《つぎ》の記述《きじゅつ》のうち、適切《てきせつ》なものを1つ選《えら》びなさい。

❶ 就労《しゅうろう》における具体的《ぐたいてき》な差別《さべつ》を直接明示《ちょくせつめいじ》している。

❷ 個人《こじん》による差別行為《さべつこうい》への罰則規定《ばっそくきてい》がある。

❸ 行政機関等《ぎょうせいきかんとう》と事業者《じぎょうしゃ》に対《たい》して、不当《ふとう》な差別的取扱《さべつてきとりあつか》いを禁止《きんし》している。

❹ 市町村《しちょうそん》は、障害者差別解消支援地域協議会《しょうがいしゃさべつかいしょうしえんちいききょうぎかい》を設置《せっち》しなければならない。

❺ 障害者《しょうがいしゃ》の差別《さべつ》に関《かん》する相談窓口《そうだんまどぐち》として、相談支援事業所《そうだんしえんじぎょうしょ》が指定《してい》されている。

【正解《せいかい》】❸

障害領域《しょうがいりょういき》の問題《もんだい》に苦手意識《にがていしき》を抱《いだ》いていましたが、少《すこ》し勉強《べんきょう》しただけでも解答《かいとう》できる問題《もんだい》が出題《しゅつだい》されているので安心《あんしん》しました。

それはよかったですね。では、最後《さいご》に改正《かいせい》のポイントをまとめておきましょう。

【障害者差別解消法改正《しょうがいしゃさべつかいしょうほうかいせい》のポイント】

1. 2021(令和《れいわ》3)年《ねん》5月《がつ》に改正法《かいせいほう》が成立《せいりつ》した。
2. 不当《ふとう》な差別的取《さべつてきと》り扱《あつか》いの禁止《きんし》は、国《くに》、地方公共団体《ちほうこうきょうだんたい》および事業者《じぎょうしゃ》ともこれまで通《どお》り禁止《きんし》(変更《へんこう》なし)。
3. 合理的配慮《ごうりてきはいりょ》の不提供《ふていきょう》の禁止《きんし》は、これまでは努力義務《どりょくぎむ》であった事業者《じぎょうしゃ》が、義務《ぎむ》となった(国《くに》、地方公共団体《ちほうこうきょうだんたい》はこれまで通《どお》り義務《ぎむ》)。

生活《せいかつ》保護《ほご》制度《せいど》

2021(令和《れいわ》3)年度《ねんど》「被保護者調査《ひほごしゃちょうさ》(月次調査《げつじちょうさ》)確定値《かくていち》」の結果《けっか》によると、1か月平均《げつへいきん》の被保護実人員《ひほごじつじんいん》は203万《まん》8,557人《にん》、被保護世帯数《ひほごせたいすう》は164万《まん》1,512でした。これは前年度《ぜんねんど》と比《くら》べると、実人員《じつじんいん》が減少《げんしょう》、世帯数《せたいすう》が増加《ぞうか》している数字《すうじ》です。

2015(平成《へいせい》27)年度《ねんど》に20年《ねん》ぶりの減少《げんしょう》となってからは、その後《ご》も減少《げんしょう》が続《つづ》いていると聞《き》きました。

よく知《し》っていますね！　そのような背景《はいけい》を理解《りかい》しておくと、問題《もんだい》を解《と》くのに役立《やくだ》ちます。さて、以下《いか》で**4つの基本原理《きほんげんり》と4つの原則《げんそく》**をおさえましょう。

KEYWORD

【生活保護制度《せいかつほごせいど》】

生活保護《せいかつほご》は、国家責任《こっかせきにん》・無差別平等《むさべつびょうどう》・最低生活保障《さいていせいかつほしょう》・保護《ほご》の補足性《ほそくせい》の4つの基本《きほん》原理《げんり》に、申請保護《しんせいほご》・基準及《きじゅんおよ》び程度《ていど》・必要即応《ひつようそくおう》・世帯単位《せたいたんい》の4つの保護《ほご》の原則《げんそく》に基《もと》づき、資力調査《しりょくちょうさ》を要件《ようけん》として要否《ようひ》が決定《けってい》され、実施《じっし》される。制度《せいど》の趣旨《しゅし》は、生活《せいかつ》に困窮《こんきゅう》する人《ひと》に対《たい》して、健康《けんこう》で文化的《ぶんかてき》な最低限度《さいていげんど》の生活《せいかつ》を保持《ほじ》することである。

生活保護《せいかつほご》は、自助《じじょ》・互助《ごじょ》・共助《きょうじょ》・公助《こうじょ》に当《あ》てはめて考《かんが》えると、公助《こうじょ》に該当《がいとう》しますね。

そうですね。生活保護《せいかつほご》は、**日本《にほん》の最終的《さいしゅうてき》な生活保障制度《せいかつほしょうせいど》**であると覚《おぼ》えておきましょう。では、実際《じっさい》に出題《しゅつだい》された問題《もんだい》を見《み》てみましょう。

第《だい》34回《かい》-問題《もんだい》16

生活保護制度《せいかつほごせいど》に関《かん》する次《つぎ》の記述《きじゅつ》のうち、最《もっと》も適切《てきせつ》なものを1つ選《えら》びなさい。

1. 生活保護《せいかつほご》の給付方法《きゅうふほうほう》には、金銭給付《きんせんきゅうふ》と現物給付《げんぶつきゅうふ》がある。
2. 生活保護《せいかつほご》の申請《しんせい》は、民生委員《みんせいいいん》が行《おこな》う。
3. 生活保護法《せいかつほごほう》は、日本国憲法第《にほんこくけんぽうだい》13条《じょう》にある幸福追求権《こうふくついきゅうけん》の実現《じつげん》を目的《もくてき》としている。
4. 生活保護《せいかつほご》を担当《たんとう》する職員《しょくいん》は、社会福祉士《しゃかいふくしし》の資格《しかく》が必要《ひつよう》である。
5. 生活保護《せいかつほご》の費用《ひよう》は、国《くに》が全額《ぜんがく》を負担《ふたん》する。

【正解《せいかい》】❶

制度《せいど》の内容《ないよう》を正確《せいかく》に理解《りかい》しておかないと、複数《ふくすう》の選択肢《せんたくし》が正解《せいかい》に思《おも》えてしまいます。

そうかもしれません。ちなみに、生活保護《せいかつほご》は国《くに》の責任《せきにん》によって実施《じっし》され、保護費《ほごひ》は国《くに》と地方自治体《ちほうじちたい》が負担《ふたん》します。

わかりました。ところで実際《じっさい》の扶助《ふじょ》の種類《しゅるい》にはどのようなものがあるのでしょうか？

①生活扶助《せいかつふじょ》、②教育扶助《きょういくふじょ》、③住宅扶助《じゅうたくふじょ》、④医療扶助《いりょうふじょ》、⑤介護扶助《かいごふじょ》、⑥出産扶助《しゅっさんふじょ》、⑦生業扶助《せいぎょうふじょ》、⑧葬祭扶助《そうさいふじょ》の8種類《しゅるい》があります。これらについてもそれぞれおさえておきたいところです。

4つの基本原理《きほんげんり》と4つの基本原則《きほんげんそく》に加《くわ》えて、この8種類《しゅるい》の扶助《ふじょ》を覚《おぼ》えることから始《はじ》めます！

こころとからだのしくみ

『こころとからだのしくみ』では、こころとからだの機能《きのう》や身体《しんたい》の機能低下《きのうていか》による影響《えいきょう》について学《まな》びます。この科目《かもく》を習得《しゅうとく》することで、ほかの科目《かもく》を理解《りかい》する近道《ちかみち》となります。

私《わたし》たちは、ただ介助《かいじょ》をするだけではなく利用者自身《りようしゃじしん》の活動《かつどう》をサポートしています。そのために「こころとからだ」について理解《りかい》が必要《ひつよう》ですね。

マズローの欲求階層説《よっきゅうかいそうせつ》

この項目《こうもく》では、人間行動《にんげんこうどう》の欲求《よっきゅう》、記憶《きおく》、適応機制《てきおうきせい》について多《おお》く問《と》われています。マズローの欲求階層説《よっきゅうかいそうせつ》が代表的《だいひょうてき》です。

KEYWORD

【マズローの欲求階層説《よっきゅうかいそうせつ》】

アメリカの心理学者《しんりがくしゃ》マズローは、人間《にんげん》のさまざまな欲求《よっきゅう》を5段階《だんかい》に分《わ》け、下位《かい》の欲求《よっきゅう》が達成《たっせい》されることにより上位《じょうい》の欲求《よっきゅう》を充実《じゅうじつ》させる心理《しんり》が働《はたら》くとした。

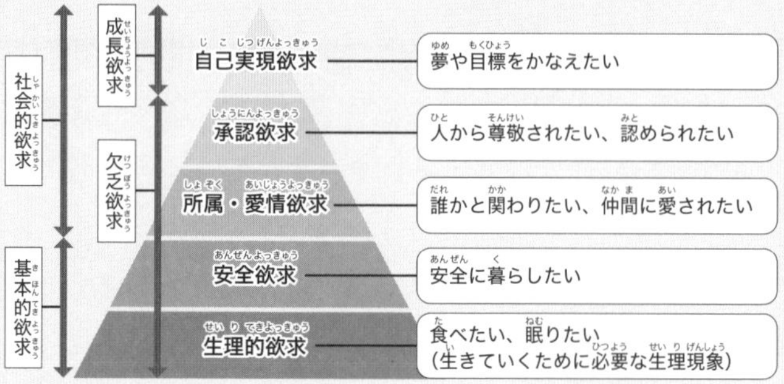

なるほど！　睡眠《すいみん》や食事《しょくじ》など、生命維持《せいめいいじ》に必要《ひつよう》な生理的欲求《せいりてきよっきゅう》が満《み》たされないまま、いきなり自己実現《じこじつげん》に上《のぼ》ることはできないので、一段《いちだん》ずつ欲求《よっきゅう》を満《み》たしていくことが必要《ひつよう》なんですね。

過去問題《かこもんだい》も多《おお》く出題《しゅつだい》されているので、見《み》てみましょう。

一問一答《いちもんいっとう》（○×チェック）

① 生理的欲求《せいりてきよっきゅう》は、ホメオスタシスの働《はたら》きによって制御《せいぎょ》される。
第《だい》26回《かい》-問題《もんだい》97【○】

② 「おなかがすいたので食事《しょくじ》をしたい」という欲求《よっきゅう》は、最上層《さいじょうそう》の欲求《よっきゅう》である。
第《だい》28回《かい》-問題《もんだい》98【×】

③ 「会社《かいしゃ》で上司《じょうし》から認《みと》められたい」という欲求《よっきゅう》は、生理的欲求《せいりてきよっきゅう》である。
第《だい》28回《かい》-問題《もんだい》98【×】

④ 好意《こうい》がある他者《たしゃ》との良好《りょうこう》な関係《かんけい》は所属《しょぞく》・愛情《あいじょう》の欲求《よっきゅう》である。
第《だい》32回《かい》-問題《もんだい》97【○】

左《ひだり》のページの**ピラミッド型《がた》の図《ず》**を覚《おぼ》えると解《と》けそうですね。
あれを覚《おぼ》えれば大丈夫《だいじょうぶ》ですか？

それぞれの段階《だんかい》の欲求《よっきゅう》とその具体例《ぐたいれい》を理解《りかい》しましょう。
日常生活《にちじょうせいかつ》や仕事《しごと》・学校生活《がっこうせいかつ》などから連想《れんそう》してみると、覚《おぼ》えやすいですよ。

わかりました。ピラミッドの一番下《いちばんした》の段《だん》から上《うえ》に向《む》かって、何《なに》かにたとえながら覚《おぼ》えてみます。

これは『発達《はったつ》と老化《ろうか》の理解《りかい》』からも出題《しゅつだい》されます。科目《かもく》ごとに完結《かんけつ》させるのではなく、ほかの科目《かもく》ともあわせて理解《りかい》していくことをお勧《すす》めします。

ライチャードの人格分類《じんかくぶんるい》

利用者《りようしゃ》さんは性格《せいかく》や特徴《とくちょう》がさまざま。どうしてこんなにいろいろな方《かた》がいるんでしょう。

利用者《りようしゃ》は一人《ひとり》ひとり、多様《たよう》な自分史《じぶんし》があり、それにより違《ちが》う人格《じんかく》をもっていますね。心理学者《しんりがくしゃ》**ライチャード**による**高齢者《こうれいしゃ》の人格分類《じんかくぶんるい》**を見《み》てみましょう。ライチャードは、定年退職後《ていねんたいしょくご》の老年期《ろうねんき》の生《い》き方《かた》や社会《しゃかい》への適応《てきおう》は、人格《じんかく》（パーソナリティ・性格《せいかく》）と深《ふか》い関係《かんけい》があるとしています。

介護《かいご》するにあたって、人格《じんかく》についても理解《りかい》が必要《ひつよう》ですね。

人格形成《じんかくけいせい》は、「生《う》まれもつ素質《そしつ》」「経験《けいけん》や学習《がくしゅう》」「加齢《かれい》」が大《おお》きく関《かか》わるとされています。

KEYWORD

【ライチャードの高齢者《こうれいしゃ》の人格分類《じんかくぶんるい》】

アメリカの心理学者《しんりがくしゃ》ライチャードは老年期《ろうねんき》の定年退職後《ていねんたいしょくご》の男性《だんせい》の人格特性《じんかくとくせい》を5類型《るいけい》に分《わ》けた。

①円熟型《えんじゅくがた》	年《とし》をとることをありのままに受《う》け入れる。定年退職後《ていねんたいしょくご》も積極的《せっきょくてき》に社会参加《しゃかいさんか》を行《おこな》い、毎日《まいにち》を建設的《けんせつてき》に暮《く》らそうと受《う》け入《い》れる。
②安楽《あんらく》いす型《がた》（依存型《いぞんがた》）	自分《じぶん》の現状《げんじょう》を受《う》け入《い》れているが、他人《たにん》に依存《いぞん》しており受身的《うけみてき》。定《てい》年退職《ねんたいしょく》を歓迎《かんげい》しており、責任《せきにん》から解放《かいほう》され、楽《らく》に暮《く》らそうとする。
③防衛型《ぼうえいがた》（装甲型《そうこうがた》）	老化《ろうか》への不安《ふあん》を活動《かつどう》し続《つづ》けることで抑圧《よくあつ》して自己防衛《じこぼうえい》している。仕事《しごと》への責任感《せきにんかん》が強《つよ》く、やり遂《と》げる努力《どりょく》をする。
④外罰型《がいばつがた》（憤慨型《ふんがいがた》）	自分《じぶん》の過去《かこ》や老化《ろうか》を受《う》け入《い》れることができない。人生《じんせい》で目標《もくひょう》を達成《たっせい》できなかったことを他人《たにん》のせいにして非難《ひなん》する。
⑤内罰型《ないばつがた》（自責型《じせきがた》）	自分《じぶん》の人生《じんせい》を失敗《しっぱい》とみなし、その原因《げんいん》は自分《じぶん》にあると考《かんが》える。自《じ》分《ぶん》を解放《かいほう》してくれるものとして、死《し》を恐《おそ》れていない。

今《いま》まで仕事《しごと》をしてきた人《ひと》は、「定年退職《ていねんたいしょく》」により、生活《せいかつ》が一変《いっぺん》しますね。「老《お》い」だって同《おな》じ！　誰《だれ》しもが迎《むか》えるものだけれど、その変化《へんか》をどう受《う》け止《と》められるかが課題《かだい》ですね。どのような問題《もんだい》が出題《しゅつだい》されますか？

分類《ぶんるい》の特徴《とくちょう》について問《と》われる問題《もんだい》が多《おお》くみられます。

第《だい》31回《かい》-問題《もんだい》97

ライチャード(Reichard, S.)による老年期《ろうねんき》の性格類型《せいかくるいけい》において、円熟《えんじゅく》型《がた》に該当《がいとう》するものとして、適切《てきせつ》なものを1つ選《えら》びなさい。

1 自分《じぶん》の過去《かこ》に対《たい》して自責《じせき》の念《ねん》を抱《いだ》く。

2 年《とし》を取《と》ることをありのまま受《う》け入《い》れていく。

3 若《わか》いときの積極的《せっきょくてき》な活動《かつどう》を維持《いじ》する。

4 他者《たしゃ》の援助《えんじょ》に依存《いぞん》する。

5 責任《せきにん》から解放《かいほう》されることを好《この》む。

【正解《せいかい》】2

なるほど！　分類《ぶんるい》の特徴《とくちょう》を理解《りかい》すると解《と》ける問題《もんだい》ですね。
でも、介護現場《かいごげんば》では、最初《さいしょ》から人格《じんかく》を決《き》めつけるのではなく、利用者《りようしゃ》の抱《かか》える課題《かだい》を理解《りかい》したうえで、よりよい援助《えんじょ》のためにこの分類《ぶんるい》を活用《かつよう》するようにしたいですね。

用語《ようご》の出題《しゅつだい》より、**事例《じれい》からどの型《かた》に当《あ》てはまるかを考《かんが》える問《もん》題《だい》**が多《おお》く出題《しゅつだい》されます。受験勉強《じゅけんべんきょう》では、例示《れいじ》されている内容《ないよう》も理解《りかい》するとよいでしょう。「ライチャードの人格分類《じんかくぶんるい》」は『発達《はったつ》と老化《ろうか》の理解《りかい》』で出題《しゅつだい》されることもあります。あわせて学習《がくしゅう》を進《すす》めましょう。

からだのしくみの基礎《きそ》

「からだのしくみ」では、**①からだのしくみ**、**②生命《せいめい》を維持《いじ》するしくみ**について問《と》われます。しっかりと覚《おぼ》えましょう。

覚《おぼ》えるのは苦手《にがて》だなぁ。

テキストを見《み》ていると、からだの名称《めいしょう》や医療用語《いりょうようご》など、わからない言葉《ことば》も出《で》てきます。理解《りかい》できると、これから先《さき》の勉強《べんきょう》にも役立《やくだ》ちそうですね。

そのとおりです。ほかの科目《かもく》と連動《れんどう》している部分《ぶぶん》も多《おお》いので、点数《てんすう》アップにつながりますよ！

POINT

【からだのしくみの基礎《きそ》】

脳《のう》と神経《しんけい》	生命《せいめい》の維持《いじ》やからだの働《はたら》きをつかさどる中枢《ちゅうすう》。
骨《ほね》と筋肉《きんにく》	骨《ほね》は全身《ぜんしん》に約《やく》200個《こ》あり、筋肉《きんにく》とともに運動《うんどう》を行《おこな》い、臓器《ぞうき》を保護《ほご》している。
感覚器《かんかくき》	眼《め》、耳《みみ》、鼻《はな》、舌《した》、皮膚《ひふ》により、外部《がいぶ》の刺激《しげき》を受《う》け取《と》る。
循環器《じゅんかんき》	心臓《しんぞう》と、全身《ぜんしん》の血液循環《けつえきじゅんかん》の血管《けっかん》などからなる。
呼吸器《こきゅうき》	生命維持《せいめいいじ》のために必要《ひつよう》な、酸素《さんそ》と二酸化炭素《にさんかたんそ》の交換《こうかん》を行《おこな》う。呼吸《こきゅう》を行《おこな》う肺《はい》、気管支《きかんし》などからなる。
消化器《しょうかき》	口《くち》から肛門《こうもん》までつながる消化管《しょうかかん》と、消化《しょうか》に必要《ひつよう》な消化液《しょうかえき》を出《だ》す肝臓《かんぞう》、膵臓《すいぞう》などの消化腺《しょうかせん》からなる。口《くち》から摂取《せっしゅ》した食《た》べ物《もの》は、消《しょう》化《か》されながら肛門《こうもん》に運《はこ》ばれる。
泌尿器《ひにょうき》	尿《にょう》を生成《せいせい》する腎臓《じんぞう》と、体外《たいがい》に排泄《はいせつ》する尿路《にょうろ》（尿管《にょうかん》・膀胱《ぼうこう》・尿道《にょうどう》）からなる。

では、どのようなものが出題《しゅつだい》されているか見《み》てみましょう。

第《だい》31回《かい》-問題《もんだい》98

臓器《ぞうき》とその機能《きのう》の組合《くみあわ》せとして、正《ただ》しいものを１つ選《えら》びなさい。

1. 肝臓《かんぞう》－グリコーゲン(glycogen)の貯蔵《ちょぞう》
2. 膀胱《ぼうこう》－尿《にょう》の濃縮《のうしゅく》
3. 小脳《しょうのう》－呼吸中枢《こきゅうちゅうすう》
4. 副腎《ふくじん》－インスリン(insulin)の分泌《ぶんぴつ》
5. 心臓《しんぞう》－ガス交換《こうかん》

【正解《せいかい》】1

からだの具体的《ぐたいてき》な構造《こうぞう》や機能《きのう》について出題《しゅつだい》されるんですね。

試験《しけん》では**各臓器《かくぞうき》の機能《きのう》**について理解《りかい》が求《もと》められます。過去問題《かこもんだい》を見《み》てみると、第《だい》35回《かい》では後頭葉《こうとうよう》の機能《きのう》、第《だい》36回《かい》では交感神経《こうかんしんけい》の作用《さよう》と耳小《じしょう》骨《こつ》の構造《こうぞう》、と毎年《まいとし》異《こと》なった内容《ないよう》が出題《しゅつだい》されています。

覚《おぼ》えるのが大変《たいへん》ですね。自分《じぶん》のからだの部位《ぶい》や動《うご》きにあわせて覚《おぼ》えていくと、理解《りかい》できそう。

そうですね。聞《き》き慣《な》れない単語《たんご》が多《おお》く出《で》てくるので、「○○の部位《ぶい》はここ。大腸《だいちょう》の動《うご》きは、時計回《とけいまわ》り……」などイメージ作《づく》りできるとよいですね。

移動《いどう》に関連《かんれん》した
こころとからだのしくみ

この項目《こうもく》は、**姿勢《しせい》・体位《たいい》・歩行《ほこう》に関係《かんけい》する筋肉《きんにく》や骨《ほね》**について、また身体《しんたい》の**機能《きのう》が低下《ていか》することによる影響《えいきょう》**について出題《しゅつだい》されます。

からだの動《うご》きに関《かか》わるしくみについてですね。最近《さいきん》、腰《こし》や膝《ひざ》の痛《いた》みがあって介助《かいじょ》がつらくなってきたのよね。自分《じぶん》のからだを守《まも》るためにも理解《りかい》が必《ひつ》要《よう》ですね。

移動《いどう》は、衣服《いふく》を着替《きが》える、排泄《はいせつ》をするなどすべての生活動作《せいかつどうさ》に関《かか》わってくるので重要《じゅうよう》といえますね。
今回《こんかい》は、移動《いどう》できないことで生《しょう》じる「**廃用症候群《はいようしょうこうぐん》**」について紹介《しょうかい》します。

KEYWORD

【廃用症候群《はいようしょうこうぐん》】

病気《びょうき》や障害《しょうがい》による長期《ちょうき》の安静状態《あんせいじょうたい》、身体《しんたい》の不活動《ふかつどう》によって起《お》こる、身体的《しんたいてき》・精神《せいしん》的《てき》影響《えいきょう》をいう。

＜廃用症候群《はいようしょうこうぐん》の症状《しょうじょう》＞

・筋萎縮《きんいしゅく》　・骨萎縮《こついしゅく》　・褥瘡《じょくそう》　・起立性低血圧《きりつせいていけつあつ》
・関節拘縮《かんせつこうしゅく》　・心肺機能低下《しんぱいきのうていか》　・意欲低下《いよくていか》、うつ、見当識障害《けんとうしきしょうがい》

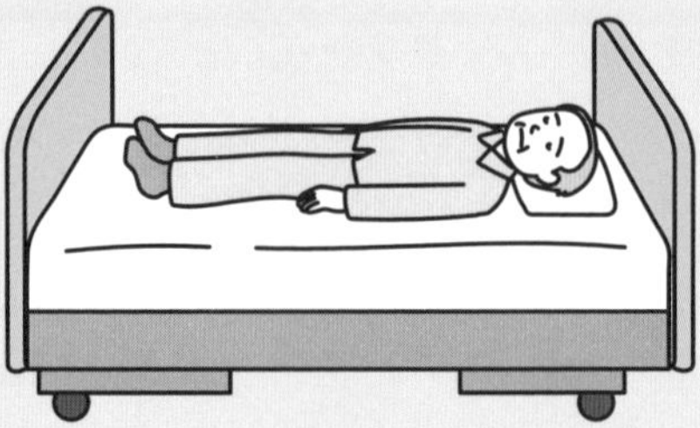

「寝《ね》たきり」になると、さまざまな機能《きのう》の低下《ていか》がみられるんですね。機能訓《きのうくん》練《れん》や離床《りしょう》を勧《すす》める理由《りゆう》がわかりました。

そうですね。**1週間《しゅうかん》の安静臥床《あんせいがしょう》で筋力《きんりょく》は15%、3〜5週間《しゅうかん》で50%低下《ていか》**します。それでは出題《しゅつだい》を見《み》てみましょう。

第《だい》35回《かい》-問題《もんだい》22

廃用症候群《はいようしょうこうぐん》(disuse syndrome)で起《お》こる可能性《かのうせい》があるものとして、最《もっと》も適切《てきせつ》なものを1つ選《えら》びなさい。

1. うつ状態《じょうたい》
2. 高血圧《こうけつあつ》
3. 関節炎《かんせつえん》
4. 徘徊《はいかい》
5. 下痢《げり》

【正解《せいかい》】1

ほかにも、**ADLとIADLの違《ちが》い、良肢位《りょうしい》、高齢者《こうれいしゃ》の骨折《こっせつ》、褥《じょく》瘡《そう》の原因《げんいん》と好発部位《こうはつぶい》**について整理《せいり》しておくとよいでしょう。『障害《しょうがい》の理解《りかい》』では**関節《かんせつ》リウマチや脊髄損傷《せきずいそんしょう》**などの疾病《しっぺい》から影響《えいきょう》すること、『生活支援技術《せいかつしえんぎじゅつ》』では、**安全《あんぜん》な介助技法《かいじょぎほう》や障害《しょうがい》にあわせた移動《いどう》**などについて出題《しゅつだい》されます。あわせて整理《せいり》していくと効率《こうりつ》よく覚《おぼ》えることができます。

介護職員《かいごしょくいん》は、車《くるま》いすへの移乗介助《いじょうかいじょ》など、技術面《ぎじゅつめん》の向上《こうじょう》をめざすことが多《おお》いですよね。からだの機能《きのう》や機能低下《きのうていか》による影響《えいきょう》についての理解《りかい》を深《ふか》めることで、よりよい支援《しえん》ができそうです。

身《み》じたくに関連《かんれん》した こころとからだのしくみ

この項目《こうもく》は、「**身《み》じたく**」に関連《かんれん》する**からだのしくみや機能《きのう》、観察《かんさつ》ポイント**が出題《しゅつだい》されます。ケアごとに一《ひと》つずつ整理《せいり》していきましょう。「身《み》じたく」というと、どのようなケアがあると思《おも》いますか？

顔《かお》を洗《あら》う、歯《は》を磨《みが》く、服《ふく》を着《き》替《が》えるなどがあります。

では、歯磨《はみが》きは何《なん》のために行《おこな》うと思《おも》いますか？

口腔内《こうくうない》を清潔《せいけつ》にすることで、虫歯《むしば》や歯周病《ししゅうびょう》を防《ふせ》ぐためです。

口《くち》の中《なか》は、どのような構造《こうぞう》ですか？

えーっと、歯《は》、舌《した》、唾液《だえき》……。

「口腔《こうくう》」に関《かん》する問題《もんだい》はよく出《で》ます。さっそく覚《おぼ》えましょう。

POINT

【口腔《こうくう》の機能《きのう》】

<口腔《こうくう》の主《おも》なしくみ>

歯《は》　：表面《ひょうめん》はエナメル質《しつ》　永久歯《えいきゅうし》の数《かず》は、28～32本《ほん》

唾液《だえき》：1日《にち》に1リットルほど分泌《ぶんぴつ》、99%以上《いじょう》が水分《すいぶん》。口腔内《こうくうない》の自浄作《じじょうさ》用《よう》・抗菌作《こうきんさ》用《よう》がある。大唾液腺《だいだえきせん》（耳下腺《じかせん》・顎下腺《がくかせん》・舌下腺《ぜっかせん》）と小唾液腺《しょうだえきせん》から出《で》る。

<口腔《こうくう》の役割《やくわり》>

・食《た》べ物《もの》を摂取《せっしゅ》する入口《いりぐち》で咀嚼《そしゃく》を行《おこな》う
・唾液《だえき》の分泌《ぶんぴつ》、嚥下《えんげ》
・呼吸器《こきゅうき》の入口《いりぐち》
・発音《はつおん》する
・顔貌《がんぼう》をつくる

毎日《まいにち》、歯磨《はみが》きをしていても、口《くち》の中《なか》の機能《きのう》について考《かんが》えたことはありませんでした。介護《かいご》を行《おこな》うには必要《ひつよう》な知識《ちしき》なのですね。

介護《かいご》を行《おこな》うにあたり、からだの構造《こうぞう》や機能《きのう》を理解《りかい》していないと、何《なに》か問題《もんだい》が起《お》きていても気《き》づくことができません。人《ひと》の命《いのち》を守《まも》り、支援《しえん》するためには、知識《ちしき》が必要《ひつよう》です。そのための国家試験《こっかしけん》です。

そのとおりですね。では、よく出題《しゅつだい》されるのはどのような内容《ないよう》ですか？

第《だい》31回《かい》 - 問題《もんだい》99

唾液腺《だえきせん》と唾液《だえき》に関《かん》する次《つぎ》の記述《きじゅつ》のうち、正《ただ》しいものを1つ選《えら》びなさい。

1. 副交感神経《ふくこうかんしんけい》は唾液分泌《だえきぶんぴつ》を抑制《よくせい》する。
2. 唾液分泌《だえきぶんぴつ》は食事摂取時《しょくじせっしゅじ》に限《かぎ》られる。
3. 耳下腺《じかせん》の導管《どうかん》は口腔底《こうくうてい》に開口《かいこう》する。
4. 唾液《だえき》には抗菌作用《こうきんさよう》がある。
5. 舌下腺《ぜっかせん》は小唾液腺《しょうだえきせん》である。

【正解《せいかい》】4

近年《きんねん》では、爪《つめ》の構造《こうぞう》や爪《つめ》の状態《じょうたい》から考《かんが》えられる病気《びょうき》、口臭《こうしゅう》の原因《げんいん》など、からだの機能《きのう》だけでなく、**機能低下《きのうていか》の原因《げんいん》や影響《えいきょう》、観察《かんさつ》ポイント**も問《と》われています。

過去問題《かこもんだい》を解《と》くことで、さまざまな「身《み》じたく」についての内容《ないよう》を理解《りかい》できそうですね。

食事《しょくじ》に関連《かんれん》した こころとからだのしくみ

1日《にち》の楽《たの》しみが「食事《しょくじ》」の　利用者《りようしゃ》さんが多《おお》いです。それは私《わたし》も同《おな》じ！

「食《た》べる」ことには、生命《せいめい》や健康《けんこう》の維持《いじ》や精神的安定《せいしんてきあんてい》などさまざまな効果《こうか》があります。前述《ぜんじゅつ》した「マズローの欲求階層説《よっきゅうかいそうせつ》」(P54)では、食事《しょくじ》は一番低《いちばんてい》層《そう》の欲求《よっきゅう》、生《い》きるうえでの基本的《きほんてき》な欲求《よっきゅう》となっています。

この科目《かもく》では、どのような内容《ないよう》が出題《しゅつだい》されますか？

からだをつくる栄養素《えいようそ》や、食《た》べる動作《どうさ》や機能《きのう》、機能低下《きのうていか》による影響《えいきょう》について理解《りかい》しましょう。
その中《なか》でも、よく出題《しゅつだい》されるものとして、**嚥下《えんげ》のしくみ**があります。

POINT

【嚥下《えんげ》のしくみ：摂食《せっしょく》・嚥下《えんげ》の5分類《ぶんるい》】

①先行期《せんこうき》	食物《しょくもつ》を認知《にんち》する。
②準備期《じゅんびき》	咀嚼《そしゃく》し食塊《しょっかい》をつくる。
③口腔期《こうくうき》	食塊《しょっかい》を口《くち》から咽頭《いんとう》に移送《いそう》する。
④咽頭期《いんとうき》	嚥下反射《えんげはんしゃ》が行《おこな》われ、食塊《しょっかい》が咽頭《いんとう》を通過《つうか》する。
⑤食道期《しょくどうき》	食塊《しょっかい》が食道《しょくどう》から胃《い》へ送《おく》り込《こ》まれる。

ふだん、食《た》べるときには意識《いしき》したことがなかったけれど、こんなに段階《だんかい》があるんですね。

では、実際《じっさい》に出題《しゅつだい》された問題《もんだい》を見《み》てみましょう。

第《だい》32回《かい》-問題《もんだい》102

摂食《せっしょく》・嚥下《えんげ》のプロセスに関《かん》する次《つぎ》の記述《きじゅつ》のうち、最《もっと》も適切《てきせつ》なものを1つ選《えら》びなさい。

1. 先行期《せんこうき》は、唾液分泌《だえきぶんぴつ》が増加《ぞうか》する。
2. 準備期《じゅんびき》は、嚥下性無呼吸《えんげせいむこきゅう》がみられる。
3. 口腔期《こうくうき》は、喉頭《こうとう》が閉鎖《へいさ》する。
4. 咽頭期《いんとうき》は、食塊《しょっかい》を形成《けいせい》する。
5. 食道期《しょくどうき》は、随意的《ずいいてき》な運動《うんどう》である。

【正解《せいかい》】❶

飲《の》み込《こ》む機能《きのう》が低下《ていか》すると、むせ込《こ》みや気管《きかん》に食《た》べ物《もの》が入《はい》ってしまう「**誤《ご》嚥《えん》**」につながると学《まな》びました。嚥下《えんげ》のしくみを理解《りかい》すると、どの段階《だんかい》の機《き》能《のう》に問題《もんだい》があるのかを把握《はあく》することができそうですね。

そうですね。ほかにも**栄養素《えいようそ》やエネルギー量《りょう》、疾病《しっぺい》による食事《しょくじ》制限《せいげん》や脱水症状《だっすいしょうじょう》**などの出題《しゅつだい》があります。ぜひ、整理《せいり》しておきましょう。

食事《しょくじ》について幅広《はばひろ》く出題《しゅつだい》があるんですね。
利用者《りようしゃ》さんの楽《たの》しみを守《まも》るためにも理解《りかい》が必要《ひつよう》ですね。

入浴《にゅうよく》・清潔保持《せいけつほじ》に関連《かんれん》した こころとからだのしくみ

入浴《にゅうよく》や清潔保持《せいけつほじ》については、どのような介護《かいご》を行《おこな》うことが多《おお》いですか？

お風呂《ふろ》への出入《でい》りや体《からだ》を洗《あら》ったり……ほかにも、血圧《けつあつ》などのバイタルサインを測《はか》ったり、入浴後《にゅうよくご》は軟膏《なんこう》を塗《ぬ》ったりしています。

バイタルサインを測《はか》る理由《りゆう》を知《し》っていますか？

わ、わかりません。

入浴《にゅうよく》では事故《じこ》が起《お》きやすいため、安全《あんぜん》な介助《かいじょ》を行《おこな》うためには、さまざまな知識《ちしき》が必要《ひつよう》となります。試験《しけん》では、**湯《ゆ》の温度《おんど》による身体《しんたい》への影響《えいきょう》**について問《と》うものが多《おお》いです。

KEYWORD

【湯《ゆ》の温度《おんど》による身体《しんたい》への影響《えいきょう》】

	中温《ちゅうおん》(38〜41℃)	高温《こうおん》(42℃以上《いじょう》)
自律神経《じりつしんけい》	副交感神経《ふくこうかんしんけい》を刺激《しげき》	交感神経《こうかんしんけい》を刺激《しげき》
心臓《しんぞう》の動《うご》き	抑制《よくせい》	促進《そくしん》
血圧《けつあつ》	低下《ていか》	上昇《じょうしょう》
腎臓《じんぞう》の働《はたら》き	促進《そくしん》	抑制《よくせい》
腸《ちょう》の動《うご》き	促進《そくしん》	抑制《よくせい》
筋肉《きんにく》の働《はたら》き	弛緩《しかん》	収縮《しゅうしゅく》
脳《のう》	鎮静《ちんせい》、リラックス	興奮《こうふん》

熱《あつ》い湯《ゆ》が好《す》きっていう方《かた》が多《おお》いけれど、注意《ちゅうい》が必要《ひつよう》ですね。

そうですね、一般的《いっぱんてき》に湯《ゆ》の温度《おんど》は中温《ちゅうおん》にします。入浴《にゅうよく》は効果《こうか》もありますが、体調《たいちょう》の変化《へんか》もみられやすいので**介助時《かいじょじ》の観察《かんさつ》**が重要《じゅうよう》になります。問題《もんだい》を見《み》てみましょう。

一問一答《いちもんいっとう》（○×チェック）

❶ 入浴《にゅうよく》による静水圧《せいすいあつ》の直接的《ちょくせつてき》な作用《さよう》として、関節《かんせつ》への負担《ふたん》の軽減《けいげん》がある。 第《だい》27回《かい》-問題《もんだい》103【×】

❷ 入浴《にゅうよく》（中温浴《ちゅうおんよく》、38～41℃）の効果《こうか》として、消化機能《しょうかきのう》の亢進《こうしん》がみられる。 第《だい》28回《かい》-問題《もんだい》104【○】

❸ 入浴《にゅうよく》（中温浴《ちゅうおんよく》、38～41℃）の効果《こうか》に、脳《のう》の興奮《こうふん》がみられる。 第《だい》33回《かい》-問題《もんだい》103【×】

❹ 入浴《にゅうよく》（高温浴《こうおんよく》、42℃以上《いじょう》）による、身体《しんたい》に与《あた》える影響《えいきょう》として、筋肉《きんにく》の収縮《しゅうしゅく》がみられる。 第《だい》24回《かい》-問題《もんだい》106【○】

今《いま》まで湯温《ゆおん》の効果《こうか》や影響《えいきょう》について理解《りかい》せずに入浴介護《にゅうよくかいご》を行《おこな》っていました。試験《しけん》の勉強《べんきょう》をすることで、介護《かいご》の見直《みなお》しも行《おこな》えそうです。

それが大事《だいじ》です。そのほかに、**入浴《にゅうよく》の作用《さよう》**や**皮膚《ひふ》の構造《こうぞう》や疾患《しっかん》**についてもよく出《で》るので、整理《せいり》しておくとよいでしょう。
また、『生活支援技術《せいかつしえんぎじゅつ》』では入浴《にゅうよく》などの清潔保持《せいけつほじ》についての介護《かいご》の方法《ほうほう》が出題《しゅつだい》されます。あわせて学《まな》ぶことをお勧《すす》めします。

排泄《はいせつ》に関連《かんれん》した こころとからだのしくみ

からだから排泄《はいせつ》される老廃物《ろうはいぶつ》には、何《なに》があると思《おも》いますか？

尿《にょう》、便《べん》……汗《あせ》などですか？

そうですね。排泄《はいせつ》は人間《にんげん》が生命活動《せいめいかつどう》を行《おこな》ううえで不可欠《ふかけつ》な行為《こうい》で、一般的《いっぱんてき》に排便《はいべん》と排尿《はいにょう》を指《さ》します。試験《しけん》では便秘《べんぴ》と尿失禁《にょうしっきん》の知識《ちしき》が求《もと》められます。

「**便秘《べんぴ》**」は、利用者《りようしゃ》に多《おお》くみられます。下剤《げざい》を内服《ないふく》している方《かた》も多《おお》いです。

便秘《べんぴ》は高齢者《こうれいしゃ》に多《おお》くみられる特徴《とくちょう》でもあります。
その種類《しゅるい》と原因《げんいん》により対応《たいおう》も異《こと》なるので、見《み》てみましょう。

POINT

【機能性便秘《きのうせいべんぴ》】

タイプ	原因《げんいん》	症状《しょうじょう》
弛緩性便秘《しかんせいべんぴ》	加齢《かれい》や運動不足《うんどうぶそく》・ 食物繊維不足《しょくもつせんいぶそく》	便《べん》が硬《かた》くなる。 女性《じょせい》や高齢者《こうれいしゃ》に多《おお》い。
痙攣性便秘《けいれんせいべんぴ》	ストレス	便秘《べんぴ》と下痢《げり》を繰《く》り返《かえ》す。
直腸性便秘《ちょくちょうせいべんぴ》	便意《べんい》を我慢《がまん》、便意《べんい》を 感《かん》じる神経《しんけい》の障害《しょうがい》	直腸《ちょくちょう》に便《べん》があるにもかか わらず、便意《べんい》を感《かん》じない。

【器質性便秘《きしつせいべんぴ》】

大腸《だいちょう》の病気《びょうき》（大腸《だいちょう》がんやクローン病《びょう》などに多《おお》い）により、便《べん》が通過《つうか》しにくい状態《じょうたい》。

便秘《べんぴ》にタイプがあるなんて知《し》りませんでした。
利用者《りようしゃ》それぞれの原因《げんいん》を知《し》る必要《ひつよう》がありますね。

そのとおり！　これを理解《りかい》することで、便秘《べんぴ》を改善《かいぜん》できるかもしれませんね。では過去問題《かこもんだい》を見《み》てみましょう。

一問一答《いちもんいっとう》（○×チェック）

❶ 便秘《べんぴ》の原因《げんいん》として、長期臥床《ちょうきがしょう》がある。第《だい》33回《かい》-問題《もんだい》105【○】

❷ 排便《はいべん》を我慢《がまん》する習慣《しゅうかん》は弛緩性便秘《しかんせいべんぴ》になりやすい。
第《だい》32回《かい》-問題《もんだい》105【×】

❸ 麻薬性鎮痛剤《まやくせいちんつうざい》の使用中《しようちゅう》は便秘《べんぴ》になりやすい。
第《だい》30回《かい》-問題《もんだい》103【○】

❹ 弛緩性便秘《しかんせいべんぴ》の原因《げんいん》として、大腸《だいちょう》がんがある。
第《だい》27回《かい》-問題《もんだい》104【×】

左《ひだり》のページの表《ひょう》を理解《りかい》することで解《と》きやすくなる内容《ないよう》ですよ。
また、『生活支援技術《せいかつしえんぎじゅつ》』では便秘《べんぴ》や尿失禁《にょうしっきん》、膀胱留置《ぼうこうりゅうち》カテーテルを使用《しよう》した排泄介助《はいせつかいじょ》について、『発達《はったつ》と老化《ろうか》の理解《りかい》』でも似《に》た問題《もんだい》が出題《しゅつだい》されたことがあります。

わかりました。さまざまな科目《かもく》で出題《しゅつだい》されやすいんですね。
どのように試験対策《しけんたいさく》を進《すす》めるとよいでしょうか。

排泄《はいせつ》の項目《こうもく》は、よく似《に》た問題《もんだい》が多《おお》く出題《しゅつだい》されます。
そのため、過去問題《かこもんだい》を解《と》くことで理解《りかい》を深《ふか》めることができます。

睡眠《すいみん》に関連《かんれん》したこころとからだのしくみ

私《わたし》のおばあちゃんが「眠《ねむ》れない」とよく言《い》っています。これは病気《びょうき》でしょうか？

それは、加齢《かれい》によるものかもしれませんね。加齢《かれい》による身体機能《しんたいきのう》の変化《へんか》が、睡眠《すいみん》に影響《えいきょう》を及《およ》ぼします。健康《けんこう》で快適《かいてき》な生活《せいかつ》を送《おく》るためには、良質《りょうしつ》な睡眠《すいみん》が必要《ひつよう》です。**高齢者《こうれいしゃ》の睡眠《すいみん》の特徴《とくちょう》**について見《み》てみましょう。

POINT

【高齢者《こうれいしゃ》の睡眠《すいみん》の特徴《とくちょう》】

高齢者《こうれいしゃ》はエネルギー消費量《しょうひりょう》が少《すく》ないので、必要《ひつよう》な睡眠《すいみん》の量《りょう》も減《へ》ってくる。高齢《こうれい》者《しゃ》の睡眠《すいみん》には次《つぎ》のような特徴《とくちょう》がある。

- 睡眠時間《すいみんじかん》が短《みじか》くなる
- 眠《ねむ》りが浅《あさ》くなる
- 中途覚醒《ちゅうとかくせい》、早朝覚醒《そうちょうかくせい》が多《おお》くなる
- 夜間頻尿《やかんひんにょう》がみられ、不眠《ふみん》になりやすい
- 薬《くすり》の副作用《ふくさよう》が生《しょう》じやすく、副作用《ふくさよう》で不眠《ふみん》になりやすい

おばあちゃんの話《はな》している内容《ないよう》と、まったく同《おな》じです。

この特徴《とくちょう》は、高齢者施設《こうれいしゃしせつ》の利用者《りようしゃ》にも同《おな》じようにみられます。
利用者《りようしゃ》の１日《にち》の過《す》ごし方《かた》や夜間帯《やかんたい》の様子《ようす》から学《まな》べることも多《おお》いです。

睡眠《すいみん》に関《かん》するしくみへの理解《りかい》を深《ふか》めることで、安眠《あんみん》のための支援《しえん》ができそうですね。出題内容《しゅつだいないよう》はどのようなものがありますか？

第《だい》33回《かい》-問題《もんだい》106

高齢者《こうれいしゃ》の睡眠《すいみん》の特徴《とくちょう》に関《かん》する次《つぎ》の記述《きじゅつ》のうち、適切《てきせつ》なものを1つ選《えら》びなさい。

1. 熟睡感《じゅくすいかん》が増加《ぞうか》する。
2. 深睡眠《しんすいみん》が増加《ぞうか》する。
3. 夜間《やかん》の睡眠時間《すいみんじかん》が増加《ぞうか》する。
4. 睡眠周期《すいみんしゅうき》が不規則《ふきそく》になる。
5. 入眠《にゅうみん》までの時間《じかん》が短縮《たんしゅく》する。

【正解《せいかい》】④

おばあちゃんのことを思《おも》い出《だ》すと、簡単《かんたん》に解《と》けそうです。
この項目《こうもく》のポイントは高齢者《こうれいしゃ》の睡眠《すいみん》の特徴《とくちょう》だけですか？

今《いま》までの出題《しゅつだい》を見《み》ると、睡眠《すいみん》の基本《きほん》となる**体内《たいない》時計《どけい》**や**レム・ノンレム睡眠《すいみん》の睡眠周期《すいみんしゅうき》、睡眠《すいみん》を促進《そくしん》するホルモン、不眠《ふみん》の原因《げんいん》、睡眠薬《すいみんやく》の特徴《とくちょう》**がポイントとなります。
この項目《こうもく》は基本的《きほんてき》な内容《ないよう》が出題《しゅつだい》されることが多《おお》いです。模擬問題《もぎもんだい》や過去《かこ》問題《もんだい》を使用《しよう》し、さまざまな問題《もんだい》を解《と》くことをお勧《すす》めします。

死《し》にゆく人《ひと》のこころとからだのしくみ

「死《し》」について考《かんが》えるだけでも嫌《いや》なのに……。

そうですね。誰《だれ》も経験《けいけん》したことがないことだからかもしれませんね。それは利用者《りようしゃ》も同《おな》じではないでしょうか。

そうですよね。施設《しせつ》でも「**看取《みと》りケア**」を行《おこな》う機会《きかい》が増《ふ》えているって聞《き》きます。利用者《りようしゃ》を看取《みと》るには、死《し》について理解《りかい》しておくことが不可欠《ふかけつ》ですね。

POINT

【終末期《しゅうまつき》の身体機能《しんたいきのう》の変化《へんか》】

バイタルサイン	・呼吸《こきゅう》（チェーンストークス呼吸《こきゅう》・肩呼吸《かたこきゅう》・下顎呼吸《かがくこきゅう》がみられる） ・死前喘鳴《しぜんぜんめい》（喉《のど》からゴロゴロする音《おと》が聞《き》かれる） ・体温《たいおん》（四肢冷感《ししれいかん》がみられる） ・血圧《けつあつ》が低下《ていか》してくる。 ・口唇《こうしん》や爪《つめ》などでチアノーゼが目立《めだ》つ。
その他《た》	・食欲《しょくよく》がなくなり、かむ力《ちから》・飲《の》み込《こ》む力《ちから》が弱《よわ》くなる。 ・脱水《だっすい》や腎機能《じんきのう》が衰《おとろ》えると、尿量《にょうりょう》が減少《げんしょう》する。 ・褥瘡《じょくそう》ができやすくなる。

【死後《しご》の身体《しんたい》の変化《へんか》】

・死後硬直《しごこうちょく》、死斑《しはん》
・角膜混濁《かくまくこんだく》、体温変化《たいおんへんか》、皮膚《ひふ》が暗紫色《あんししょく》に変化《へんか》する　など

医療用語《いりょうようご》がたくさんありますね。わからない言葉《ことば》もあります。

どのような症状《しょうじょう》や特徴《とくちょう》なのか、一《ひと》つずつ調《しら》べてみましょう。
では出題《しゅつだい》されたものを見《み》てみましょう。

第《だい》35回《かい》-問題《もんだい》30

死《し》が近《ちか》づいているときの身体《しんたい》の変化《へんか》として、最《もっと》も適切《てきせつ》なものを１つ選《えら》びなさい。

1 瞳孔《どうこう》の縮小《しゅくしょう》
2 筋肉《きんにく》の硬直《こうちょく》
3 発汗《はっかん》
4 結膜《けつまく》の充血《じゅうけつ》
5 喘鳴《ぜんめい》

【正解《せいかい》】5

「死《し》の直前《ちょくぜん》」と**「死後《しご》」の身体的変化《しんたいてきへんか》**について**混同《こんどう》しやすい**ので、整理《せいり》します。また、「死《し》」を迎《むか》えるにあたって**事前《じぜん》の意思表示《いしひょうじ》、事《じ》前《ぜん》指示書《しじしょ》・リビングウィル、グリーフケア**についてもおさえておくとよいでしょう。
身体機能《しんたいきのう》の変化《へんか》だけでなく、心理過程《しんりかてい》についての理解《りかい》も必須《ひっす》です。『発達《はったつ》と老化《ろうか》の理解《りかい》』の「**キューブラー・ロスの死《し》の受容過程《じゅようかてい》**」もあわせてチェックしましょう。

発達《はったつ》と老化《ろうか》の理解《りかい》

『発達《はったつ》と老化《ろうか》の理解《りかい》』は、人間《にんげん》の成長《せいちょう》と発達《はったつ》の過程《かてい》において、加《か》齢《れい》や社会的影響《しゃかいてきえいきょう》から、からだ・こころがどのように変化《へんか》するのかを学習《がくしゅう》する科目《かもく》です。

介護《かいご》の仕事《しごと》は、さまざまな年齢《ねんれい》の方々《かたがた》を対象《たいしょう》とするので、支援《しえん》するためには必要《ひつよう》な知識《ちしき》ですね。

▶ピアジェとエリクソンの発達段階説《はったつだんかいせつ》

ここでは**ピアジェ**と**エリクソン**という人物《じんぶつ》について紹介《しょうかい》します。

初《はじ》めて聞《き》く名前《なまえ》です。

「**発達段階説《はったつだんかいせつ》**」の理論《りろん》をまとめた、代表的《だいひょうてき》な二人《ふたり》です。
人間《にんげん》は生涯《しょうがい》、それぞれの段階《だんかい》で習得《しゅうとく》すべき発達課題《はったつかだい》があるとしています。

KEYWORD

【ピアジェの発達段階説《はったつだんかいせつ》】

子《こ》どもの感覚運動《かんかくうんどう》から思考《しこう》や認知《にんち》の発達《はったつ》を4段階《だんかい》にまとめた。
① 感覚運動期《かんかくうんどうき》(0～2歳頃《さいごろ》)　② 前操作期《ぜんそうさき》(2～7歳頃《さいごろ》)　③ 具体的操作期《ぐたいてきそうさき》(7～11歳頃《さいごろ》)　④ 形式的操作期《けいしきてきそうさき》(11歳頃《さいごろ》～)

KEYWORD

【エリクソンの発達段階説《はったつだんかいせつ》】

発達《はったつ》を生涯発達《しょうがいはったつ》（ライフサイクル）として、社会的《しゃかいてき》・対人関係《たいじんかんけい》の視点《してん》から、8つの段階《だんかい》にまとめた。

①乳児期《にゅうじき》（0～1歳頃《さいごろ》） ②幼児期前期《ようじきぜんき》（1～3歳頃《さいごろ》） ③幼児期後期《ようじきこうき》（3～6歳頃《さいごろ》） ④児童期《じどうき》（7～11歳頃《さいごろ》） ⑤青年期《せいねんき》（12～20歳頃《さいごろ》） ⑥成年期初期《せいねんきしょき》（20～30歳《さい》頃《ごろ》） ⑦成年期中期《せいねんきちゅうき》（30～65歳頃《さいごろ》） ⑧成年期後期《せいねんきこうき》（65歳頃《さいごろ》～）

では、今《いま》まで出題《しゅつだい》されたものを見《み》てみましょう。

一問一答《いちもんいっとう》（○×チェック）

1 ピアジェの発達段階説《はったつだんかいせつ》において、同《おな》じ量《りょう》のジュースを形《かたち》の違《ちが》うコップに入《い》れたとき、同《おな》じ量《りょう》だと理解《りかい》できないのは、形式的操作期《けいしきてきそうさき》である。

第《だい》27回《かい》-問題《もんだい》69【×】

2 エリクソンの発達段階説《はったつだんかいせつ》では、誕生《たんじょう》から1歳頃《さいごろ》までは、自分《じぶん》の行動《こうどう》のコントロールを身《み》につける段階《だんかい》である。

第《だい》28回《かい》-問題《もんだい》69【×】

3 エリクソンの発達段階説《はったつだんかいせつ》において、青年期《せいねんき》の発達課題《はったつかだい》は同一性《どういつせい》の獲得《かくとく》である。

第《だい》29回《かい》-問題《もんだい》69【○】

発達段階《はったつだんかい》や発達課題《はったつかだい》の出題《しゅつだい》は、基本的《きほんてき》な内容《ないよう》を理解《りかい》していると解《と》けます。そのほか、ハヴィガーストやフロイトといった人《ひと》たちも発達段階説《はったつだんかいせつ》をとなえているので、確認《かくにん》してみましょう。また、第《だい》35回《かい》では、実験《じっけん》をしている絵《え》を見《み》て、発達状況《はったつじょうきょう》を問《と》う内容《ないよう》もありました。自分《じぶん》や身近《みぢか》な人《ひと》とこの発達段階《はったつだんかい》を照《て》らし合《あ》わせ見《み》ていくと、覚《おぼ》えやすいかもしれません。

▶ 高齢者《こうれいしゃ》の年齢規定《ねんれいきてい》

「高齢者《こうれいしゃ》」とはどのような人《ひと》のことを指《さ》すか、わかりますか。

80歳《さい》でも自分《じぶん》を「高齢者《こうれいしゃ》」と思《おも》わない人《ひと》もいるし、50歳代《さいだい》で高齢者特有《こうれいしゃとくゆう》の病気《びょうき》にかかっている人《ひと》もいます。人《ひと》によって線引《せんび》きは違《ちが》いますよね。

そうですね。ですが、人《ひと》によって区分《くぶん》が違《ちが》うと、不都合《ふつごう》が生《しょう》じることがあります。そのため、日本《にっぽん》では法律《ほうりつ》や制度《せいど》で**定義《ていぎ》づけ**されています。

POINT

【高齢者《こうれいしゃ》の年齢規定《ねんれいきてい》】

法制度上《ほうせいどじょう》の定義《ていぎ》	介護保険法《かいごほけんほう》	65歳以上《さいいじょう》を「第《だい》1号被保険者《ごうひほけんしゃ》」
	老人福祉法《ろうじんふくしほう》	65歳以上《さいいじょう》
	後期高齢者《こうきこうれいしゃ》 医療制度《いりょうせいど》	65歳以上《さいいじょう》75歳未満《さいみまん》:前期高齢者《ぜんきこうれいしゃ》 75歳以上《さいいじょう》:後期高齢者《こうきこうれいしゃ》
	高齢者《こうれいしゃ》 雇用安定法《こようあんていほう》	【定年制度《ていねんせいど》を設《もう》けている場合】 60歳以上《さいいじょう》の定年制度《ていねんせいど》を設《もう》け、65歳《さい》までの継続雇用制度《けいぞくこようせいど》を義務《ぎむ》づけている
	高齢者虐待防止法《こうれいしゃぎゃくたいぼうしほう》	65歳以上《さいいじょう》
	道路交通法《どうろこうつうほう》	70歳以上《さいいじょう》:「高齢運転者標識《こうれいうんてんしゃひょうしき》」表示努力《ひょうじどりょく》。 運転免許更新時《うんてんめんきょこうしんじ》に「高齢者講習《こうれいしゃこうしゅう》」を受講《じゅこう》
関係機関《かんけいきかん》による定義《ていぎ》	WHO	65歳以上《さいいじょう》
	総務省《そうむしょう》の人口推計《じんこうすいけい》	65歳以上《さいいじょう》

制度《せいど》や法律《ほうりつ》の名前《なまえ》がたくさん出《で》てきましたね。覚《おぼ》えられるかな……。

ほとんどの規定《きてい》では65歳以上《さいいじょう》。高齢者《こうれいしゃ》でもさらに区分《くわ》けしている部分《ぶぶん》をチェックしておけばよいですよ。制度《せいど》の名前《なまえ》に苦手意識《にがていしき》をもってしまう人《ひと》が多《おお》いですが、この高齢者《こうれいしゃ》の年齢規定《ねんれいきてい》は、覚《おぼ》えてしまえば大丈夫《だいじょうぶ》です。では、過去問題《かこもんだい》を見《み》てみましょう。

第《だい》32回《かい》-問題《もんだい》70

高齢者《こうれいしゃ》の年齢規定《ねんれいきてい》に関《かん》する次《つぎ》の記述《きじゅつ》のうち、正《ただ》しいものを1つ選《えら》びなさい。

1. 高年齢者等《こうねんれいしゃとう》の雇用《こよう》の安定等《あんていとう》に関《かん》する法律《ほうりつ》では、高年齢者《こうねんれいしゃ》を75歳以上《さいいじょう》としている。
2. 「高齢者虐待防止法《こうれいしゃぎゃくたいぼうしほう》」では、高齢者《こうれいしゃ》を65歳以上《さいいじょう》としている。
3. 高齢者《こうれいしゃ》の医療《いりょう》の確保《かくほ》に関《かん》する法律《ほうりつ》では、後期高齢者《こうきこうれいしゃ》を65歳以上《さいいじょう》としている。
4. 道路交通法《どうろこうつうほう》では、免許証《めんきょしょう》の更新《こうしん》の特例《とくれい》がある高齢運転者《こうれいうんてんしゃ》を60歳以上《さいいじょう》としている。
5. 老人福祉法《ろうじんふくしほう》では、高齢者《こうれいしゃ》を55歳以上《さいいじょう》としている。【正解《せいかい》】❷

さまざまな法律制度上《ほうりつせいどじょう》の定義《ていぎ》を問《と》う問題《もんだい》となっています。第《だい》29回《かい》、第《だい》33回《かい》にも、似《に》た内容《ないよう》の出題《しゅつだい》があります。

高齢者《こうれいしゃ》の定義《ていぎ》だけ覚《おぼ》えれば大丈夫《だいじょうぶ》ですか？

ほかにも、児童福祉法《じどうふくしほう》、国民年金法《こくみんねんきんほう》などさまざまな制度《せいど》で年齢規定《ねんれいきてい》があります。「年齢《ねんれい》の定義《ていぎ》」の年表《ねんぴょう》を作《つく》って覚《おぼ》えるのもよいかもしれませんね。

健康寿命《けんこうじゅみょう》とエイジング

日本《にほん》は、世界有数《せかいゆうすう》の長寿国《ちょうじゅこく》です。寿命《じゅみょう》が長《なが》くなるとともに、健康寿命《けんこうじゅみょう》も延《の》ばすことが課題《かだい》となっています。

【健康寿命《けんこうじゅみょう》】
心身《しんしん》ともに健康《けんこう》に過《す》ごせる期間《きかん》。日常的《にちじょうてき》に介護《かいご》などを必要《ひつよう》とすることなく、自立《じりつ》した生活《せいかつ》を送《おく》れている年数《ねんすう》。

人間《にんげん》は加齢《かれい》とともに、身体的《しんたいてき》・精神的《せいしんてき》に機能《きのう》の低下《ていか》がみられますよね。病気《びょうき》や介護《かいご》が必要《ひつよう》となっても、よりよい生活《せいかつ》を送《おく》ってもらいたいです。

そうですね！　介護福祉士《かいごふくしし》の資格《しかく》を取得《しゅとく》し、さらに専門的《せんもんてき》な知識《ちしき》を生《い》かしたサービスを提供《ていきょう》してくださいね。
では、国家試験《こっかしけん》でも出題《しゅつだい》される、**エイジング＝「老化《ろうか》」・「加齢《かれい》」**を見《み》ていきましょう。

KEYWORD

【サクセスフル・エイジング】

加齢《かれい》による変化《へんか》を受《う》け入《い》れ、適応《てきおう》しながら豊《ゆた》かな老後《ろうご》を迎《むか》えること。健康寿命《けんこうじゅみょう》を長《なが》くし、最後《さいご》まで生活《せいかつ》の質《しつ》を保《たも》つ、理想的《りそうてき》な老《お》い方《かた》をめざす。

【プロダクティブ・エイジング】

高齢者《こうれいしゃ》がもつ豊富《ほうふ》な知識《ちしき》や経験《けいけん》などを活《い》かして、幅広《はばひろ》く社会《しゃかい》に参加《さんか》し、高齢者《こうれいしゃ》の力《ちから》を活用《かつよう》するべきとする考《かんが》え。ロバート・バトラーが提唱《ていしょう》した。

【アクティブ・エイジング】

高齢者《こうれいしゃ》の生活《せいかつ》の質《しつ》の向上《こうじょう》のために、健康《けんこう》の維持《いじ》・社会参加《しゃかいさんか》・安全《あんぜん》な生活《せいかつ》ができるような、社会《しゃかい》の取《と》り組《く》みのこと。世界保健機関《せかいほけんきかん》（WHO）が提唱《ていしょう》した。

日本《にほん》では、**2035年《ねん》には人口《じんこう》の3人《にん》に1人《ひとり》が65歳以上《さいいじょう》の高齢《こうれい》者《しゃ》**になると予測《よそく》されています。エイジングの質《しつ》についても考《かんが》えなければなりませんね。では、エイジングについて過去《かこ》に出題《しゅつだい》されたものを見《み》てみましょう。

第《だい》27回《かい》-問題《もんだい》70

プロダクティブ・エイジングに関《かん》する次《つぎ》の記述《きじゅつ》のうち、最《もっと》も適切《てきせつ》なものを1つ選《えら》びなさい。

1. バルテスが最初《さいしょ》に提唱《ていしょう》した。
2. 高齢者《こうれいしゃ》の経済的自立《けいざいてきじりつ》を目指《めざ》した概念《がいねん》である。
3. エイジズムによる高齢者《こうれいしゃ》のとらえ方《かた》を肯定《こうてい》した概念《がいねん》である。
4. 主観的幸福感《しゅかんてきこうふくかん》とは無関係《むかんけい》である。
5. プロダクティブ(productive)な活動《かつどう》には、セルフケアが含《ふく》まれる。

【正解《せいかい》】5

「○○エイジング」の意味《いみ》を理解《りかい》していれば、解《と》くことができますね。

そうですね。この項目《こうもく》では、**健康寿命《けんこうじゅみょう》**に関《かん》する内容《ないよう》がポイントとなります。健康寿命《けんこうじゅみょう》やエイジングのほか、国民健康《こくみんけんこう》づくり運動《うんどう》の「健康日本《けんこうにっぽん》21」についての理解《りかい》が必要《ひつよう》です。健康寿命《けんこうじゅみょう》については、『社会《しゃかい》の理解《りかい》』でも出《しゅつ》題《だい》されます。

ほかにも、平均寿命《へいきんじゅみょう》や高齢者率《こうれいしゃりつ》などの**数値《すうち》を問《と》う**ものも出題《しゅつだい》されます。
問題《もんだい》を解《と》くだけでなく、新《あたら》しい数値《すうち》を確認《かくにん》し、理解《りかい》することも必要《ひつよう》です。

老化《ろうか》に伴《ともな》う心身《しんしん》の変化《へんか》と日常生活《にちじょうせいかつ》への影響《えいきょう》

この項目《こうもく》では、老化《ろうか》に伴《ともな》う心身《しんしん》の変化《へんか》とその対応《たいおう》について理解《りかい》することが求《もと》められます。これは、『生活支援技術《せいかつしえんぎじゅつ》』で出題《しゅつだい》される介助方法《かいじょほうほう》、『障害《しょうがい》の理解《りかい》』での具体的《ぐたいてき》な対応《たいおう》など、ほかの科目《かもく》の理解《りかい》も求《もと》められる内容《ないよう》です。

たしかに、ふだんの介護《かいご》やコミュニケーションを考《かんが》えても、安全《あんぜん》な介護《かいご》を提供《ていきょう》するには、高齢者《こうれいしゃ》の心身《しんしん》の変化《へんか》についての理解《りかい》が必要《ひつよう》ですね。

まず、老化《ろうか》による身体的変化《しんたいてきへんか》を紹介《しょうかい》します。

POINT

【老化《ろうか》による身体的変化《しんたいてきへんか》】

形態的変化《けいたいてきへんか》（見《み》た目《め》の変化《へんか》）	身長《しんちょう》の低下《ていか》、白髪化《はくはつか》、しわやしみの増加《ぞうか》　など
機能的変化《きのうてきへんか》（生理的機能《せいりてききのう》の変化《へんか》）	運動《うんどう》・呼吸《こきゅう》・循環器《じゅんかんき》・咀嚼嚥下機能《そしゃくえんげきのう》の低下《ていか》　など

- 老眼《ろうがん》
- 高音域《こうおんいき》の聴力低下《ちょうりょくていか》
- 便秘《べんぴ》
- 筋力低下《きんりょくていか》、骨密度減少《こつみつどげんしょう》

- 血圧上昇《けつあつじょうしょう》
- 誤嚥《ごえん》
- 皮膚《ひふ》の乾燥《かんそう》
- 赤血球減少《せっけっきゅうげんしょう》→貧血《ひんけつ》

身近《みぢか》な内容《ないよう》なので、イメージしやすいです。

そうですね。身近《みぢか》な高齢者《こうれいしゃ》や自分自身《じぶんじしん》の心身《しんしん》の変化《へんか》などと関連《かんれん》づけて覚《おぼ》えることをお勧《すす》めします。それでは、出題《しゅつだい》された問題《もんだい》を見《み》てみましょう。

第《だい》30回《かい》 - 問題《もんだい》71

老化《ろうか》に伴《ともな》う身体《しんたい》の変化《へんか》に関《かん》する次《つぎ》の記述《きじゅつ》のうち、適切《てきせつ》なものを1つ選《えら》びなさい。

1. 骨密度《こつみつど》が上昇《じょうしょう》する。
2. 唾液《だえき》の分泌量《ぶんぴつりょう》が増加《ぞうか》する。
3. 肺活量《はいかつりょう》が増加《ぞうか》する。
4. 貧血《ひんけつ》になりやすい。
5. 皮膚《ひふ》の表面《ひょうめん》が湿潤化《しつじゅんか》する。

【正解《せいかい》】4

これは、からだのしくみの理解《りかい》もしたほうが効率《こうりつ》よく覚《おぼ》えられそうですね。

身体機能《しんたいきのう》だけでなく、第《だい》32回《かい》では「記憶《きおく》と注意機能《ちゅういきのう》の変化《へんか》」、第《だい》34回《かい》では「感覚《かんかく》・認知機能《にんちきのう》の変化《へんか》」、第《だい》35回《かい》では「加齢《かれい》の影響《えいきょう》を受《う》けにくい認知機能《にんちきのう》」など、毎回《まいかい》あらゆる機能《きのう》の変化《へんか》について出題《しゅつだい》されています。

加齢《かれい》による変化《へんか》は毎回出題《まいかいしゅつだい》されているんですね。

同《おな》じ領域《りょういき》の『こころとからだのしくみ』『認知症《にんちしょう》の理解《りかい》』『障害《しょうがい》の理解《りかい》』の内《ない》容《よう》も含《ふく》まれています。『見《み》て覚《おぼ》える！国試《こくし》ナビ』は、図《ず》や表《ひょう》でまとめてあり、ほかの科目《かもく》もつなげて覚《おぼ》えることができるので、お勧《すす》めです。

キューブラー・ロスの死《し》の受容《じゅよう》過程《かてい》

介護《かいご》の仕事《しごと》で、終末期《しゅうまつき》のケアを行《おこな》うとは思《おも》っていませんでした。最近《さいきん》は、在宅《ざいたく》や施設《しせつ》で「死《し》」を迎《むか》える方《かた》も多《おお》くなっています。この分野《ぶんや》は、心理状態《しんりじょうたい》を理解《りかい》するうえで、おさえておかなければいけませんね。

そのとおりです。死《し》への不安《ふあん》や恐怖《きょうふ》に苦《くる》しんでいる利用者《りようしゃ》を支《ささ》えるのは、寄《よ》り添《そ》うみなさんです。

死《し》への不安《ふあん》に関《かん》する要素《ようそ》として、**キューブラー・ロスの死《し》の受容《じゅよう》過程《かてい》**は聞《き》いたことがあります。「死《し》」を受《う》け止《と》めるのに、段階《だんかい》があるんですか？

終末期《しゅうまつき》の患者《かんじゃ》の心理過程《しんりかてい》をまとめたものです。

KEYWORD

【キューブラー・ロスの死《し》の受容過程《じゅようかてい》】

キューブラー・ロスは、終末期《しゅうまつき》の患者《かんじゃ》の心理《しんり》を5段階《だんかい》に分《わ》けて示《しめ》した

① 否認《ひにん》	命《いのち》が長《なが》くないことを疑《うたが》い、その事実《じじつ》を認《みと》めない
② 怒《いか》り	今《いま》の状況《じょうきょう》を認《みと》めざるをえなくなり、死《し》への怒《いか》りが他者《たしゃ》に向《む》けられる
③ 取引《とりひき》	死《し》を避《さ》けるために、神《かみ》などに助《たす》けを求《もと》める
④ 抑《よく》うつ	死《し》を避《さ》けられないことがわかり、あきらめ、落《お》ち込《こ》む
⑤ 受容《じゅよう》	死《し》を迎《むか》えるのは自然《しぜん》なことだと受《う》け入《い》れる

この過程《かてい》は①から⑤への**一方向《いちほうこう》で進《すす》むのではなく**、これまでの生《せい》活歴《かつれき》、家族歴《かぞくれき》、死《し》に向《む》かう原因《げんいん》、死生観《しせいかん》により、**受容《じゅよう》までのプロセスもさまざま**であるとしています。

死《し》を受《う》け止《と》めるまでには、複雑《ふくざつ》な気持《きも》ちがあるんだろうな……とは思《おも》っていましたが、このような過程《かてい》をたどるんですね。実際《じっさい》に出題《しゅつだい》された問題《もんだい》には、どのようなものがあるんですか。

第《だい》30回《かい》 - 問題《もんだい》70

キューブラー・ロス（Kübler-Ross,E.）が提唱《ていしょう》した死《し》の受容過程《じゅようかてい》における「取《と》り引《ひ》き」に該当《がいとう》するものとして、適切《てきせつ》なものを1つ選《えら》びなさい。

1. 死《し》ぬのがなぜ自分《じぶん》なのかと怒《おこ》る。
2. 自分《じぶん》が死《し》ぬことはないと思《おも》う。
3. つらい治療《ちりょう》を我慢《がまん》して受《う》けるので助《たす》けてほしいと願《ねが》う。
4. 安《やす》らかな気持《きも》ちで死《し》を受《う》け入《い》れる。
5. もう助《たす》からないと思《おも》って絶望《ぜつぼう》する。

【正解《せいかい》】❸

『こころとからだのしくみ』でも似《に》た問題《もんだい》が出《で》ています。受容《じゅよう》の過程《かてい》と、それがどのような心理状況《しんりじょうきょう》なのかを理解《りかい》するとよいでしょう。また、『生活《せいかつ》支援技術《しえんぎじゅつ》』では終末期《しゅうまつき》を迎《むか》える利用者《りようしゃ》や家族《かぞく》への介護《かいご》について問《と》うものもあります。

本当《ほんとう》だ！　参考書《さんこうしょ》を見《み》ると、『こころとからだのしくみ』『発達《はったつ》と老化《ろうか》の理解《りかい》』『生活支援技術《せいかつしえんぎじゅつ》』それぞれに「終末期《しゅうまつき》」の項目《こうもく》があるんですね。
科目《かもく》ごとで学習《がくしゅう》を進《すす》めると同時《どうじ》に、ほかの科目《かもく》とのつながりも見《み》ていきます。

高齢者《こうれいしゃ》に多《おお》くみられる疾患《しっかん》

この単元《たんげん》では、**高齢者《こうれいしゃ》の疾患《しっかん》の全般的《ぜんぱんてき》な特徴《とくちょう》**と、**高齢者《こうれいしゃ》に多《おお》くみられる疾患《しっかん》**について整理《せいり》しておきましょう。

高齢者《こうれいしゃ》に多《おお》くみられる疾患《しっかん》はたくさんあります。絞《しぼ》ることはできませんか？

たしかに、消化器系《しょうかきけい》、呼吸器系《こきゅうきけい》など色々《いろいろ》ありますね。その中《なか》でも、多《おお》く出題《しゅつだい》されるものとして、**糖尿病《とうにょうびょう》やパーキンソン病《びょう》、高血圧《こうけつあつ》、肺炎《はいえん》、変形性膝関節症《へんけいせいしつかんせつしょう》、褥瘡《じょくそう》**があげられます。さまざまな疾患《しっかん》を理解《りかい》することで、適切《てきせつ》な対応《たいおう》や配慮《はいりょ》についても理解《りかい》することができますよ。

実習《じっしゅう》で出会《であ》う利用者《りようしゃ》を理解《りかい》するためにも必要《ひつよう》な知識《ちしき》ですね。

今回紹介《こんかいしょうかい》するのは、「**尿失禁《にょうしっきん》**」です。

KEYWORD

【尿失禁《にょうしっきん》】

種類《しゅるい》	特徴《とくちょう》	主《おも》な原因《げんいん》	対応方法《たいおうほうほう》
機能性《きのうせい》尿失禁《にょうしっきん》	排尿動作《はいにょうどうさ》や判断《はんだん》がうまくできない	認知症《にんちしょう》、運動機能《うんどうきのう》の低下《ていか》	排尿誘導《はいにょうゆうどう》 トイレに目印《めじるし》
切迫性《せっぱくせい》尿失禁《にょうしっきん》	トイレまで我慢《がまん》できない、間《ま》に合《あ》わない	膀胱炎《ぼうこうえん》や前立腺肥大《ぜんりつせんひだい》	薬物療法《やくぶつりょうほう》
腹圧性《ふくあつせい》尿失禁《にょうしっきん》	くしゃみや咳《せき》で、腹圧《ふくあつ》がかかるともれる	出産《しゅっさん》、加齢《かれい》	骨盤底筋訓練《こつばんていきんくんれん》
溢流性《いつりゅうせい》尿失禁《にょうしっきん》	残尿《ざんにょう》があり、じわじわと溢《あふ》れ出る	前立腺肥大《ぜんりつせんひだい》、糖尿病《とうにょうびょう》	手術《しゅじゅつ》や薬物療法《やくぶつりょうほう》

ご入金確認後、10日程度で問題冊子とマークシートをお届けします。

4 受験・マークシートの返却

ご自身で時間をはかって問題を解いてください。解答済みのマークシートは弊社に返送してください。

5 解説集と成績表のお届け

解説集が届き、さらにその後に成績表が届きます(別送)。成績表の発送スケジュールはWebページをご覧ください。
https://www.chuohoki.co.jp/seminar/care/2969437.html

FAX.03-3837-8035　模擬試験の専用振込用紙のお申し込み

※下記に大きくはっきりとご記入の上、送信してください

フリガナ		専用振込用紙のお届け先	〒　　-
ご氏名			
TEL			

★お客様の個人情報のお取り扱いについて　個人情報保護管理者　取締役総務部長　Tel. 03-6387-3196
弊社はお客様の個人情報を商品の発送・納品、代金の請求、入金の確認、返金、サービス実施、弊社の商品・催事のご案内、購買データの分析に使用します。弊社は法令に基づく場合を除いて、お客様の個人情報を当該本人の同意を得ず第三者に提供することはありません。弊社はお客様によりよいサービスの提供のため、個人情報を適切に取り扱っていると認められる委託先を選定し、適切な管理を実施させて業務の一部を外部に委託します。お客様が弊社に個人情報を与えることは任意ですが、お客様が弊社に個人情報を与えない場合には、弊社からの返信やサービスの提供ができない場合がありますのであらかじめご了承下さい。お客様には、ご自身の個人情報の利用目的の通知、個人情報の開示、訂正、追加、削除、利用の停止、消去、第三者への提供の停止、及び第三者への提供記録の開示を求める権利があります。必要な場合には、右記の窓口までご連絡下さい。【個人情報問合わせ窓口】中央法規出版株式会社 営業課 Tel.03-3834-5813

たいせつにしますプライバシー 17000255

＼お電話でのお申込みはこちら／

中央法規
Chuohoki Publishing Co., Ltd.
中央法規出版 で検索。

仙台営業所	TEL:022-222-1693
東京営業所	TEL:03-3834-5817
岐阜営業所	TEL:058-231-8752
大阪営業所	TEL:06-6351-9079
広島営業所	TEL:082-568-5870
福岡営業所	TEL:092-724-8714

模擬試験・受験料金 (受験者1名あたり)

- 第1回 …5,500円（本体5,000円＋税10%）
- 第2回 …5,500円（本体5,000円＋税10%）
- **第1回・第2回 セット … 9,900円**（本体9,000円＋税10%）

セットでお得

2024年度 介護福祉士 全国統一模擬試験【在宅受験】ご案内

お申込み受付後、問題冊子をお届けします

問題・マークシート

【第1回】と【第2回】の2種類の問題をご用意。いずれも同じ難易度で国家試験レベル。両方を受けることでより確かな実力固めになります。解答済マークシートを返送いただくと、後日解説集が届きます。

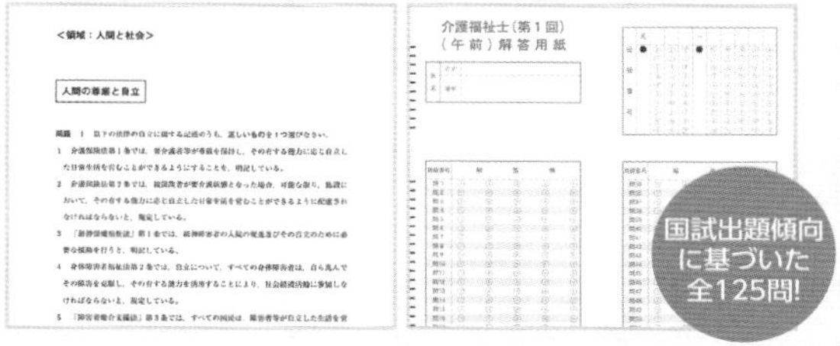

成績表イメージ

解説集は、全選択肢についてていねいに解説。正解を導く方法が理解できます。成績表は、成績表発送スケジュールに沿って別途お送りします。
※発送スケジュールの詳細はWebページにてご確認ください。

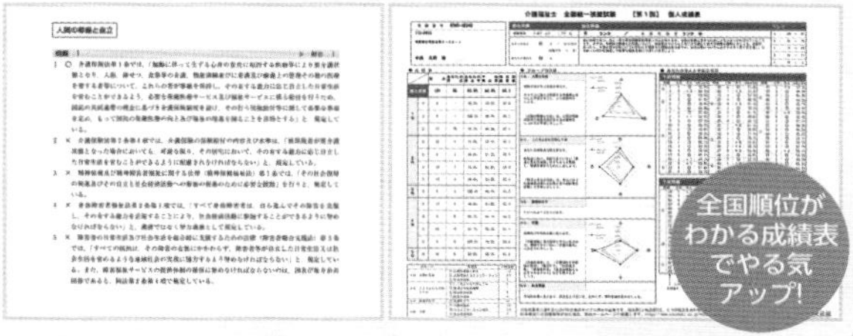

受験の流れ

1 お申込み

下記最寄りの営業所にお電話いただくか、下部のお申込み枠内に必要事項をご記入のうえFAXしてください。
※中央法規オンラインショップでもご購入可能（2024年4月中旬オープン予定）

2 ご入金

専用振込用紙が届きましたら、郵便局で該当する受験料をご入金ください。

オンラインショップのお申込みはこちら

成績表の発送スケジュールはこちら

2024年度
介護福祉士 全国統一模擬試験【在宅受験】
介護福祉士資格の
模擬試験を受けるなら
中央法規出版

尿失禁《にょうしっきん》にもさまざまな種類《しゅるい》があることは知《し》りませんでした。

尿失禁《にょうしっきん》の種類《しゅるい》と原因《げんいん》を理解《りかい》することで、それぞれの症状《しょうじょう》にあわせた適切《てきせつ》な支援《しえん》ができるようになります。

先輩《せんぱい》から、介護《かいご》は技術《ぎじゅつ》だけじゃない、さまざまな知識《ちしき》が必要《ひつよう》だと言《い》われました。適切《てきせつ》な支援《しえん》を行《おこな》うため、具体的《ぐたいてき》な知識《ちしき》も必要《ひつよう》ですね。

そのとおり！　では過去《かこ》に出題《しゅつだい》された問題《もんだい》を見《み》てみましょう。

第《だい》31回《かい》-問題《もんだい》72

尿失禁《にょうしっきん》に関《かん》する次《つぎ》の記述《きじゅつ》のうち、正《ただ》しいものを1つ選《えら》びなさい。

1. 認知症《にんちしょう》(dementia)で尿《にょう》を漏《も》らすのを、腹圧性尿失禁《ふくあつせいにょうしっきん》という。
2. トイレまで我慢《がまん》できずに尿《にょう》を漏《も》らすのを、切迫性尿失禁《せっぱくせいにょうしっきん》という。
3. 重《おも》い物《もの》を持《も》った時《とき》に尿《にょう》を漏《も》らすのを混合性尿失禁《こんごうせいにょうしっきん》という。
4. いろいろな原因《げんいん》が重《かさ》なって尿《にょう》を漏《も》らすのを、溢流性尿失禁《いつりゅうせいにょうしっきん》という。
5. 前立腺肥大症《ぜんりつせんひだいしょう》(prostatic hypertrophy)で尿《にょう》を漏《も》らすのを、機能性尿失禁《きのうせいにょうしっきん》という。

【正解《せいかい》】②

尿失禁《にょうしっきん》については『こころとからだのしくみ』でも出題《しゅつだい》されますが、左《ひだり》の表《ひょう》を覚《おぼ》えることで、解答《かいとう》することができます。疾患《しっかん》についての勉強《べんきょう》は、医《い》療用語《りょうようご》や覚《おぼ》えることが多《おお》いため、苦手《にがて》な受験生《じゅけんせい》が多《おお》いです。まずは、からだのしくみについて理解《りかい》してから覚《おぼ》えることをお勧《すす》めします。

認知症《にんちしょう》の理解《りかい》

『認知症《にんちしょう》の理解《りかい》』では、ケアの理念《りねん》、認知症《にんちしょう》の基礎疾患《きそしっかん》や具体的《ぐたいてき》な症状《しょうじょう》の理解《りかい》から介護《かいご》のあり方《かた》、さらには施策《せさく》や制度《せいど》、家族《かぞく》の支援等《しえんとう》について幅広《はばひろ》く問《と》われます。

認知症《にんちしょう》は社会問題《しゃかいもんだい》としても位置《いち》づけられていますので、しっかり学《まな》びたいと思《おも》います。

パーソン・センタード・ケア

認知症《にんちしょう》ケアを学《まな》ぶうえで、まずは大切《たいせつ》にすべきケアの理念《りねん》をしっかりおさえましょう。

大切《たいせつ》にすべき理念《りねん》とは何《なん》でしょうか？

世界的《せかいてき》に最《もっと》も知《し》られた認知症《にんちしょう》ケアの理念《りねん》の1つとして**パーソン・センタード・ケア**があります。認知症《にんちしょう》ケアを実践《じっせん》するうえで、常《つね》に大切《たいせつ》にしていきたい理念《りねん》といえます。

KEYWORD

【パーソン・センタード・ケア】

イギリスのキットウッドが提唱《ていしょう》した。
認知症《にんちしょう》ケアにおいて利用者《りようしゃ》を中心《ちゅうしん》とし、その人《ひと》らしくあり続《つづ》けるために支援《しえん》をし、本人《ほんにん》にできる限《かぎ》りの自由《じゆう》を保障《ほしょう》するケア。

「利用者《りようしゃ》の立場《たちば》に立《た》つ」ことが大切《たいせつ》といろいろな先生《せんせい》から教《おそ》わっています。

そのとおりです。介護福祉職《かいごふくししょく》の立場《たちば》から考《かんが》えるのではなく、認知症《にんちしょう》のある人《ひと》の立場《たちば》に立《た》って考《かんが》え、その人《ひと》を尊重《そんちょう》した支援《しえん》をしていくことが大切《たいせつ》です。それでは、試験問題《しけんもんだい》から考《かんが》えてみましょう。

第《だい》31回《かい》－問題《もんだい》77

介護老人保健施設《かいごろうじんほけんしせつ》に入所《にゅうしょ》した認知症高齢者《にんちしょうこうれいしゃ》が、夜中《よなか》に荷物《にもつ》を持《も》って部屋《へや》から出《で》てきて、介護福祉職《かいごふくししょく》に、「出口《でぐち》はどこか」と聞《き》いてきた。介《かい》護福祉職《ごふくししょく》の対応《たいおう》に関《かん》する次《つぎ》の記述《きじゅつ》のうち、最《もっと》も適切《てきせつ》なものを1つ選《えら》びなさい。

1 「今日《きょう》はここにお泊《とま》りになることになっています」と伝《つた》える。

2 「もうすぐご家族《かぞく》が迎《むか》えに来《く》るので、お部屋《へや》で待《ま》っていましょう」と居室《きょしつ》に誘《さそ》う。

3 「トイレですよね」と手《て》を取《と》って案内《あんない》する。

4 「どちらに行《い》きたいのですか」と声《こえ》をかけて並《なら》んで歩《ある》く。

5 「部屋《へや》に戻《もど》って寝《ね》ましょう」と荷物《にもつ》を持《も》って腕《うで》を取《と》る。

【正解《せいかい》】4

正解《せいかい》の選択肢《せんたくし》は利用者《りようしゃ》の立場《たちば》に立《た》ち、「どこに行《い》こうとしているのか」を探《さぐ》ろうとし、寄《よ》り添《そ》った対応《たいおう》をしていますが、それ以外《いがい》の選択肢《せんたくし》は介護福祉《かいごふくし》職《しょく》の都合《つごう》での対応《たいおう》になっていますね。

そうですね。また、認知症《にんちしょう》ケアの歴史《れきし》をたどって学《まな》ぶことでも、パーソン・センタード・ケアの大切《たいせつ》さが理解《りかい》できると思《おも》います。

▶中核症状《ちゅうかくしょうじょう》、BPSD

認知症《にんちしょう》になると、どのような症状《しょうじょう》がみられるのでしょうか？

大《おお》きく**中核症状《ちゅうかくしょうじょう》**と**BPSD**に分《わ》けられます。認知症《にんちしょう》になると誰《だれ》にでも認《みと》められる症状《しょうじょう》を中核症状《ちゅうかくしょうじょう》といい、環境《かんきょう》や周囲《しゅうい》の人々《ひとびと》との関《かか》わり等《とう》の影響《えいきょう》や身体的要因《しんたいてきよういん》によってみられる心理《しんり》・行動症状《こうどうしょうじょう》をBPSDといいます。

POINT

【中核症状《ちゅうかくしょうじょう》とBPSD】

○中核症状《ちゅうかくしょうじょう》

記憶障害《きおくしょうがい》	もの忘《わす》れが病的《びょうてき》に進行《しんこう》する
見当識障害《けんとうしきしょうがい》	時間《じかん》・場所《ばしょ》・人物等《じんぶつとう》の理解力《りかいりょく》が低下《ていか》する
実行機能障害《じっこうきのうしょうがい》	計画《けいかく》を立《た》て実行《じっこう》することができなくなる
失語《しつご》・失行《しっこう》・失認《しつにん》など	言語機能《げんごきのう》(話《はな》す・聞《き》く・書《か》く・読《よ》む)が失《うしな》われる。目的《もくてき》に沿《そ》った行動《こうどう》ができない。見《み》たり聞《き》いたりしたことが正《ただ》しく認識《にんしき》できない
理解《りかい》・判断力《はんだんりょく》の低下《ていか》	ものを考《かんが》えることに障害《しょうがい》が起《お》きる。ものを正《ただ》しく使《し》用《よう》することができなくなる
計算力《けいさんりょく》の低下《ていか》	計算《けいさん》ができない。買《か》い物《もの》が難《むずか》しくなる

○BPSD

行動症状《こうどうしょうじょう》	徘徊《はいかい》、夕暮《ゆうぐ》れ症候群《しょうこうぐん》、常同行動《じょうどうこうどう》、昼夜逆転《ちゅうやぎゃくてん》、不潔行為《ふけつこうい》、収集癖《しゅうしゅうへき》、異食《いしょく》、失禁《しっきん》
心理症状《しんりしょうじょう》	不安感《ふあんかん》、感情失禁《かんじょうしっきん》、抑《よく》うつ、意欲低下《いよくていか》、幻覚《げんかく》、錯覚《さっかく》、妄想《もうそう》、睡眠障害《すいみんしょうがい》

認知症《にんちしょう》が進行《しんこう》すると中核症状《ちゅうかくしょうじょう》は誰《だれ》にでもみられるようになるけれど、BPSDは必《かなら》ずしも生《しょう》じるわけでなく、**環境《かんきょう》や人《ひと》の関《かか》わり方《かた》によって起《お》きる**のですね。関《かか》わり方《かた》に注意《ちゅうい》しなければなりませんね。

BPSDには必《かなら》ず理由《りゆう》が存在《そんざい》するといわれています。利用者《りようしゃ》の言動《げんどう》をよく観察《かんさつ》・分析《ぶんせき》し、その背景《はいけい》を理解《りかい》することが大切《たいせつ》ですね。
では、問題《もんだい》を解《と》いてみましょう。

第《だい》35回《かい》-問題《もんだい》40

次《つぎ》の記述《きじゅつ》のうち、見当識障害《けんとうしきしょうがい》に関《かん》する質問《しつもん》として、最《もっと》も適切《てきせつ》なものを1つ選《えら》びなさい。

1 「私《わたし》たちが今《いま》いるところはどこですか」
2 「100から7を順番《じゅんばん》に引《ひ》いてください」
3 「先《さき》ほど覚《おぼ》えてもらった言葉《ことば》をもう一度《いちど》言《い》ってみてください」
4 「次《つぎ》の図形《ずけい》を写《うつ》してください」
5 「この紙《かみ》を左手《ひだりて》で取《と》り、両手《りょうて》で半分《はんぶん》に折《お》って、私《わたし》に返《かえ》してください」

【正解《せいかい》】1

見当識障害《けんとうしきしょうがい》は左《ひだり》の表《ひょう》で中核症状《ちゅうかくしょうじょう》に入《はい》っていますね。

そのとおりです。見当識障害《けんとうしきしょうがい》は、「時間《じかん》や場所《ばしょ》や人《ひと》」の見当《けんとう》がわかりづらくなります。中核症状《ちゅうかくしょうじょう》を整理《せいり》して覚《おぼ》えておくとよいです。

わかりました。『ワークブック』などの参考書《さんこうしょ》を活用《かつよう》してしっかり覚《おぼ》えたいと思《おも》います。

認知症《にんちしょう》の原因《げんいん》となる疾患《しっかん》

認知症《にんちしょう》の原因《げんいん》となる疾患《しっかん》について教《おし》えてください。

認知症《にんちしょう》の原因《げんいん》となる疾患《しっかん》はたくさんあるのですが、中《なか》でも**アルツハイマー型認知症《がたにんちしょう》**、**血管性認知症《けっかんせいにんちしょう》**、**レビー小体型認知症《しょうたいがたにんちしょう》**、**前頭側頭型認知症《ぜんとうそくとうがたにんちしょう》**の４つが多《おお》く、４大認知症《だいにんちしょう》といわれています。

KEYWORD

【アルツハイマー型認知症《がたにんちしょう》】

大脳皮質《だいのうひしつ》の神経細胞《しんけいさいぼう》が消失《しょうしつ》し、脳全体《のうぜんたい》が萎縮《いしゅく》する。進行《しんこう》すると記憶障害《きおくしょうがい》が顕著《けんちょ》にみられるが、末期《まっき》を除《のぞ》けば運動機能《うんどうきのう》は保持《ほじ》される。

【血管性認知症《けっかんせいにんちしょう》】

脳血管障害《のうけっかんしょうがい》(脳梗塞《のうこうそく》・脳出血《のうしゅっけつ》・くも膜下出血等《まくかしゅっけつとう》)によって起《お》こる。記憶障害《きおくしょうがい》や見当識障害《けんとうしきしょうがい》のほか、感情失禁《かんじょうしっきん》、妄想《もうそう》、抑《よく》うつなどの症状《しょうじょう》や言語障害《げんごしょうがい》、片麻痺《かたまひ》などを伴《ともな》うことがある。症状《しょうじょう》の現《あらわ》れ方《かた》にむらがある(まだら認知症《にんちしょう》)。

【レビー小体型認知症《しょうたいがたにんちしょう》】

脳全体《のうぜんたい》にレビー小体《しょうたい》といわれる異常物質《いじょうぶっしつ》が沈着《ちんちゃく》することで起《お》こる。鮮明《せんめい》で具体的《ぐたいてき》な幻視《げんし》や、身体《しんたい》の動《うご》きが悪《わる》くなる、すくみ足《あし》、小刻《こきざ》み歩行等《ほこうとう》のパーキンソン症《しょう》状《じょう》やレム睡眠行動障害《すいみんこうどうしょうがい》などが生《しょう》じる。

【前頭側頭型認知症《ぜんとうそくとうがたにんちしょう》（ピック病《びょう》など）】

初老期《しょろうき》に発症《はっしょう》する代表的《だいひょうてき》な認知症疾患《にんちしょうしっかん》であり、前頭葉《ぜんとうよう》と側頭葉《そくとうよう》に限定《げんてい》して萎縮《いしゅく》する。人格《じんかく》の変化《へんか》(万引《まんび》きなど反社会的行動《はんしゃかいてきこうどう》、性的逸脱行為《せいてきいつだつこうい》、無精《ぶしょう》になるなど)や同《おな》じ行動《こうどう》をくりかえす常同行動《じょうどうこうどう》などがみられる。

また、65歳未満《さいみまん》で発症《はっしょう》した認知症《にんちしょう》を**若年性認知症《じゃくねんせいにんちしょう》**といいます。それでは、問題《もんだい》を解《と》いてみましょう。

一問一答《いちもんいっとう》(〇×チェック)

❶ アルツハイマー型認知症《がたにんちしょう》は前頭葉《ぜんとうよう》と側頭葉《そくとうよう》が限定的《げんていてき》に萎縮《いしゅく》することによって起《お》こる。【×】

❷ 血管性認知症《けっかんせいにんちしょう》は幻視《げんし》が生《しょう》じやすい。【×】

❸ レビー小体型認知症《しょうたいがたにんちしょう》は人格《じんかく》の変化《へんか》が生《しょう》じやすい。【×】

❹ 前頭側頭型認知症《ぜんとうそくとうがたにんちしょう》はパーキンソン症状《しょうじょう》が生《しょう》じやすい。【×】

❺ 前頭側頭型認知症《ぜんとうそくとうがたにんちしょう》は初老期《しょろうき》に発症《はっしょう》しやすい。【〇】

正解《せいかい》の問題以外《もんだいいがい》、疾患《しっかん》に対《たい》する説明《せつめい》が入《い》れ替《か》えてありますね。

そのとおりです。国家試験《こっかしけん》ではよくあるパターンです。疾患《しっかん》ごとの特徴《とくちょう》を整理《せいり》して覚《おぼ》えておくことが大切《たいせつ》です。その他《ほか》、感染性疾患《かんせんせいしっかん》である**クロイツフェルト・ヤコブ病《びょう》**も調《しら》べてみてください。

わかりました。テキストや『ワークブック』等《とう》の参考書《さんこうしょ》を活用《かつよう》して調《しら》べてみます。

ほかに出題《しゅつだい》されやすいものとして、**慢性硬膜下血腫《まんせいこうまくかけっしゅ》**や**正常圧水頭症《せいじょうあつすいとうしょう》**があり、これらは外科手術《げかしゅじゅつ》を行《おこな》うことで治《なお》すことのできる認知症《にんちしょう》です。認知症《にんちしょう》が疑《うたが》われるときは病院《びょういん》を受診《じゅしん》することが大切《たいせつ》ですね。さらに、その際《さい》に行《おこな》われる代表的《だいひょうてき》な**検査《けんさ》**についても問《と》われることがあるので、勉強《べんきょう》してください。

認知症《にんちしょう》ケアの実際《じっさい》

ここまで認知症《にんちしょう》の症状《しょうじょう》や原因疾患《げんいんしっかん》について学《まな》びましたが、認知症《にんちしょう》の人《ひと》に対《たい》するケアはどうあるべきか、**認知症《にんちしょう》ケアの実際《じっさい》**を学《まな》びましょう。

認知症《にんちしょう》のある利用者《りようしゃ》のBPSDに戸惑《とまど》って、つい注意《ちゅうい》したり、修正《しゅうせい》しようとしてかえって混乱《こんらん》させてしまうことがあります。認知症《にんちしょう》ケアの基本《きほん》について教《おし》えてください。

わかりました。認知症《にんちしょう》のある人《ひと》に安心《あんしん》を与《あた》える対応《たいおう》について説明《せつめい》します。

POINT

【認知症高齢者《にんちしょうこうれいしゃ》に安心《あんしん》を与《あた》える対応《たいおう》】

自尊心《じそんしん》を大切《たいせつ》にする	・否定的《ひていてき》な言葉《ことば》を避《さ》ける ・子《こ》ども扱《あつか》いをしない ・失敗《しっぱい》したことやできなくなったことを責《せ》めない ・保《たも》たれている能力《のうりょく》を活用《かつよう》する ・経験《けいけん》を活《い》かした役割《やくわり》を持《も》ってもらう
認知症《にんちしょう》の人《ひと》の立場《たちば》に立《た》つ	・言動《げんどう》の内容等《ないようとう》が現実《げんじつ》と異《こと》なっていても否定《ひてい》しない ・発言《はつげん》に耳《みみ》を傾《かたむ》ける ・不可解《ふかかい》な言動《げんどう》の背景《はいけい》を考《かんが》える ・生活史《せいかつし》を把握《はあく》する

自分《じぶん》がしてしまう**注意《ちゅうい》や訂正《ていせい》**が問題《もんだい》だったんですね。

注意《ちゅうい》、否定《ひてい》、説得《せっとく》などの対応《たいおう》は、BPSDの改善《かいぜん》に役立《やくだ》たないばかりか、かえって混乱《こんらん》・興奮《こうふん》を招《まね》いてしまうことになります。それでは、問題《もんだい》から学《まな》びましょう。

第《だい》30回《かい》 - 問題《もんだい》86

認知症《にんちしょう》(dementia)の利用者《りようしゃ》Fさんは、施設外《しせつがい》へ出《で》て行《い》って一人《ひとり》で帰《かえ》れないことを繰《く》り返《かえ》している。Fさんの予防的対応《よぼうてきたいおう》として、最《もっと》も適切《てきせつ》なものを1つ選《えら》びなさい。

1. Fさんが出《で》て行《い》こうとするたびに、制止《せいし》する。
2. Fさんの視線《しせん》の高《たか》さに合《あ》わせて、出入口《でいりぐち》に「通行止《つうこうど》め」と書《か》いた札《ふだ》を貼《は》る。
3. Fさんに「ここがあなたの家《いえ》です」と、繰《く》り返《かえ》し説明《せつめい》する。
4. Fさんと一緒《いっしょ》にスタッフも出《で》かけて、戻《もど》るように指示《しじ》する。
5. Fさんの日常《にちじょう》の様子《ようす》を観察《かんさつ》した上《うえ》で、出《で》て行《い》く理由《りゆう》や目的《もくてき》を検討《けんとう》する。

【正解《せいかい》】⑤

行動《こうどう》の理由《りゆう》や目的《もくてき》について考《かんが》えることが大切《たいせつ》なのですね。

そのとおりです。誤《あやま》りの選択肢《せんたくし》は、行動《こうどう》を制止《せいし》しようとしたり、説明《せつめい》しようとしており、利用者《りようしゃ》の混乱《こんらん》を招《まね》いてしまう対応《たいおう》です。ケアの実際《じっさい》についてしっかり学《まな》びましょう。

わかりました。もう一度《いちど》、テキストを読《よ》んでしっかり学《まな》びます。

連携《れんけい》と協働《きょうどう》・家族《かぞく》への支援《しえん》

現場《げんば》で仕事《しごと》をしていて、認知症《にんちしょう》の人《ひと》やその家族《かぞく》が地域《ちいき》においてどのようにサポートされているのか、連携《れんけい》と協働《きょうどう》のあり方《かた》が気《き》になります。

この項目《こうもく》からの出題《しゅつだい》もコンスタントにみられます。**認知症《にんちしょう》の人《ひと》を支《ささ》えるサポート体制《たいせい》**について理解《りかい》しましょう。

KEYWORD

【地域《ちいき》におけるサポート体制《たいせい》】

○地域包括支援《ちいきほうかつしえん》センター

包括的支援事業《ほうかつてきしえんじぎょう》として、①第一号介護予防支援事業《だいいちごうかいごよぼうしえんじぎょう》、②総合相談支援事業《そうごうそうだんしえんじぎょう》、③権利擁護業務《けんりようごぎょうむ》、④包括的《ほうかつてき》・継続的《けいぞくてき》ケアマネジメント支援業務《しえんぎょうむ》を行《おこな》う。

○認知症《にんちしょう》サポーター

認知症《にんちしょう》に対《たい》する正《ただ》しい知識《ちしき》を持《も》ち、地域《ちいき》や職域《しょくいき》で認知症《にんちしょう》の人《ひと》や家族《かぞく》を支《ささ》える人《ひと》のこと。

○認知症初期集中支援《にんちしょうしょきしゅうちゅうしえん》チーム

認知症《にんちしょう》が疑《うたが》われる人《ひと》や認知症《にんちしょう》の人《ひと》およびその家族《かぞく》を訪問《ほうもん》し、観察《かんさつ》・評価《ひょうか》を行《おこな》ったうえで、家族支援等《かぞくしえんとう》の初期《しょき》の支援《しえん》を包括的《ほうかつてき》・集中的《しゅうちゅうてき》に行《おこな》い、自立生活《じりつせいかつ》のサポートを行《おこな》うチームのこと。

○認知症疾患医療《にんちしょうしっかんいりょう》センター

認知症《にんちしょう》の速《すみ》やかな鑑別診断《かんべつしんだん》と診断後《しんだんご》のフォロー、かかりつけ医《い》や地域包括支援《ちいきほうかつしえん》センターと連携《れんけい》する役割《やくわり》を担《にな》う。

○認知症地域支援推進員《にんちしょうちいきしえんすいしんいん》

地域《ちいき》の支援機関《しえんきかん》の間《あいだ》の連携《れんけい》づくりや認知症《にんちしょう》ケアパスの作成《さくせい》・活用《かつよう》の促進《そくしん》、認知症《にんちしょう》カフェを活用《かつよう》した取《と》り組《く》みの実施《じっし》、地域支援体制《ちいきしえんたいせい》づくり、認知症《にんちしょう》の人《ひと》やその家族《かぞく》を支援《しえん》する相談業務等《そうだんぎょうむとう》を行《おこな》う。

認知症《にんちしょう》カフェとはどのようなところなのですか？

認知症《にんちしょう》の人《ひと》と家族《かぞく》が、地域住民《ちいきじゅうみん》や専門職《せんもんしょく》と情報《じょうほう》を共有《きょうゆう》し、お互《たが》いを理解《りかい》し合《あ》う場《ば》です。認知症《にんちしょう》の人《ひと》のみならず、その家族《かぞく》をサポートしていくことも大切《たいせつ》な目的《もくてき》となります。それでは問題《もんだい》を見《み》てみましょう。

第《だい》34回《かい》-問題《もんだい》86

認知症初期集中支援《にんちしょうしょきしゅうちゅうしえん》チームに関《かん》する次《つぎ》の記述《きじゅつ》のうち、最《もっと》も適切《てきせつ》なものを1つ選《えら》びなさい。

① 自宅《じたく》ではない場所《ばしょ》で家族《かぞく》から生活《せいかつ》の様子《ようす》を聞《き》く。

② チーム員《いん》には医師《いし》が含《ふく》まれる。

③ 初回《しょかい》の訪問時《ほうもんじ》にアセスメント（assessment）は不要《ふよう》である。

④ 介護福祉士《かいごふくしし》は、認知症初期集中支援《にんちしょうしょきしゅうちゅうしえん》チーム員研修《いんけんしゅう》を受講《じゅこう》しなくてもチームに参加《さんか》できる。

⑤ 認知症疾患医療《にんちしょうしっかんいりょう》センター受診後《じゅしんご》に、チームが対応方法《たいおうほうほう》を決定《けってい》する。

【正解《せいかい》】❷

家族《かぞく》への支援《しえん》も大切《たいせつ》な役割《やくわり》であることをしっかりおさえておきましょう。コミュニケーション技術《ぎじゅつ》の事例問題《じれいもんだい》でも家族《かぞく》への支援《しえん》をテーマとした出題《しゅつだい》がみられます。その問題《もんだい》からも家族支援《かぞくしえん》のあり方《かた》を学《まな》べますので、確認《かくにん》してみましょう。

わかりました。『過去問解説集《かこもんかいせつしゅう》』を活用《かつよう》して学《まな》んでいきます。

障害《しょうがい》の理解《りかい》

『障害《しょうがい》の理解《りかい》』では、障害《しょうがい》の概念《がいねん》、障害《しょうがい》の医学的側面《いがくてきそくめん》の知識《ちしき》を中心《ちゅうしん》に、心理的側面《しんりてきそくめん》から制度《せいど》まで多《おお》くの分野《ぶんや》にわたって出題《しゅつだい》されます。

覚《おぼ》えることがたくさんありそうですね。介護《かいご》を必要《ひつよう》とする利用者《りようしゃ》は何《なん》らかの障害《しょうがい》があることが多《おお》いので、しっかり勉強《べんきょう》します。

障害《しょうがい》の概念《がいねん》

まず、障害《しょうがい》のとらえ方《かた》から説明《せつめい》します。2001年《ねん》に**ICIDH**(国際障害分類《こくさいしょうがいぶんるい》)に代《か》わり**ICF**(国際生活機能分類《こくさいせいかつきのうぶんるい》)がWHOにより採択《さいたく》されました。

ICFは、ICIDHからどのように変更《へんこう》されたのですか。

KEYWORD

【ICIDHとICF】

○ICIDH

病気《びょうき》/変調《へんちょう》→機能障害《きのうしょうがい》→能力障害《のうりょくしょうがい》→社会的不利《しゃかいてきふり》

※病気《びょうき》や変調《へんちょう》により機能障害《きのうしょうがい》が生《しょう》じ、機能障害《きのうしょうがい》があれば能力障害《のうりょくしょうがい》が生《しょう》じ、それが社会的不利《しゃかいてきふり》につながるとされ、マイナス面《めん》が強調《きょうちょう》されていた。

○ICF

ICIDHにおいて病気《びょうき》や変調《へんちょう》とされていたものを「健康状態《けんこうじょうたい》」とし、「心身機能《しんしんきのう》・身体構造《しんたいこうぞう》」「活動《かつどう》」「参加《さんか》」の生活機能《せいかつきのう》というプラス面《めん》からみるように視点《してん》を転換《てんかん》した。さらに背景因子《はいけいいんし》として「環境因子《かんきょういんし》」と「個人因子《こじんいんし》」の観点《かんてん》を加《くわ》えた。

ICFは**健康状態《けんこうじょうたい》**と**生活機能《せいかつきのう》**(心身機能《しんしんきのう》・身体構造《しんたいこうぞう》、活動《かつどう》、参加《さんか》)と**背《はい》景因子《けいいんし》**(環境因子《かんきょういんし》と個人因子《こじんいんし》)が相互《そうご》に影響《えいきょう》しあうとしています。

障害《しょうがい》はさまざまな側面《そくめん》からとらえていくことが大切《たいせつ》なのですね。

ICFは**医学《いがく》モデル**と**社会《しゃかい》モデル**の統合《とうごう》モデルといえます。
それでは、実際《じっさい》に出題《しゅつだい》された問題《もんだい》を見《み》てみましょう。

第《だい》33回《かい》-問題《もんだい》87

ICF(International Classification of Functioning,Disability and Health:国際生活機能分類《こくさいせいかつきのうぶんるい》)の社会《しゃかい》モデルに基《もと》づく障害《しょうがい》のとらえ方《かた》に関《かん》する記述《きじゅつ》として、最《もっと》も適切《てきせつ》なものを1つ選《えら》びなさい。

1 個人《こじん》の問題《もんだい》としてとらえる。

2 病気《びょうき》・外傷《がいしょう》から直接的《ちょくせつてき》に生《しょう》じる。

3 さまざまな環境《かんきょう》との相互作用《そうごさよう》によって生《しょう》じる。

4 治療《ちりょう》してできるだけ回復《かいふく》させることを目的《もくてき》とする。

5 医療《いりょう》などによる援助《えんじょ》を必要《ひつよう》とする。　　【正解《せいかい》】3

正解以外《せいかいいがい》の選択肢《せんたくし》にはICFの前《まえ》のモデル、ICIDHにおける障害《しょうがい》のとらえ方《かた》があげられています。ICIDHからICFへの変更点《へんこうてん》についてもしっかりおさえておくとよいでしょう。

わかりました。テキスト、『ワークブック』等《とう》の参考書《さんこうしょ》を活用《かつよう》して勉強《べんきょう》します。

身体障害《しんたいしょうがい》

身体障害《しんたいしょうがい》は**肢体不自由《したいふじゆう》**、**聴覚《ちょうかく》・言語障害《げんごしょうがい》**、**視覚障害《しかくしょうがい》**、**内部障害《ないぶしょうがい》**に分類《ぶんるい》され、それぞれからまんべんなく出題《しゅつだい》がみられます。

最近《さいきん》、さまざまな障害《しょうがい》のある利用者《りようしゃ》が増《ふ》えている感《かん》じがしています。

介護福祉職《かいごふくししょく》は利用者《りようしゃ》の障害《しょうがい》の特性《とくせい》を正《ただ》しく理解《りかい》することが求《もと》められます。
ここでは、肢体不自由《したいふじゆう》について説明《せつめい》したいと思《おも》います。
肢体不自由《したいふじゆう》とは、先天的《せんてんてき》または後天的《こうてんてき》な要因《よういん》により生《しょう》じる**四肢《しし》**、または**体幹《たいかん》**の永続的《えいぞくてき》な**運動機能《うんどうきのう》の障害《しょうがい》**のことをいいます。

職場《しょくば》では片麻痺《かたまひ》の利用者《りようしゃ》が多《おお》くいます。

そうですね。麻痺《まひ》の種類《しゅるい》は**片麻痺《かたまひ》**のほか、**対麻痺《ついまひ》**、**四肢麻痺《ししまひ》**に分《わ》けられます。

KEYWORD

【麻痺《まひ》の種類《しゅるい》】

○片麻痺《かたまひ》

右側《みぎがわ》または左側《ひだりがわ》の半身《はんしん》のどちらかに麻痺《まひ》があるもの。脳梗塞《のうこうそく》等《とう》の脳血管障害《のうけっかんしょうがい》が原因《げんいん》となる。言語中枢《げんごちゅうすう》に支障《ししょう》を受《う》けた場合《ばあい》は失語症《しつごしょう》を伴《ともな》うことがある。

○対麻痺《ついまひ》

両方《りょうほう》の下肢《かし》に麻痺《まひ》があるもの。脊髄《せきずい》（腰髄《ようずい》・胸髄《きょうずい》）損傷《そんしょう》が原因《げんいん》となることが多《おお》い。

○四肢麻痺《ししまひ》

両方《りょうほう》の上肢《じょうし》と下肢《かし》、体幹《たいかん》に麻痺《まひ》があるもの。頸髄損傷《けいずいそんしょう》や脳性麻痺等《のうせいまひとう》でみられる。脊髄損傷《せきずいそんしょう》の場合《ばあい》、発汗障害《はっかんしょうがい》、排便《はいべん》・排尿障害《はいにょうしょうがい》、起立性低血圧《きりつせいていけつあつ》、自律神経《じりつしんけい》過反射等《かはんしゃとう》の症状《しょうじょう》もみられる。

では、国家試験《こっかしけん》の問題《もんだい》から学《まな》びましょう。

第《だい》35回《かい》 - 問題《もんだい》53

次《つぎ》のうち、四肢麻痺《ししまひ》を伴《ともな》う疾患《しっかん》や外傷《がいしょう》として、適切《てきせつ》なものを1つ選《えら》びなさい。

1. 右脳梗塞《うのうこうそく》 (right cerebral infarction)
2. 左脳梗塞《さのうこうそく》(left cerebral infarction)
3. 頸髄損傷《けいずいそんしょう》(cervical cord injury)
4. 腰髄損傷《ようずいそんしょう》(lumbar spinal cord injury)
5. 末梢神経損傷《まっしょうしんけいそんしょう》(peripheral nerve injury)

【正解《せいかい》】❸

脊髄損傷《せきずいそんしょう》と頸髄損傷《けいずいそんしょう》の違《ちが》いを教《おし》えてください。

脊髄損傷《せきずいそんしょう》は背骨《せぼね》の髄《ずい》に損傷《そんしょう》が生《しょう》じ、頸髄損傷《けいずいそんしょう》は首《くび》の髄《ずい》に損傷《そんしょう》が生《しょう》じます。どちらも外傷《がいしょう》の度合《どあ》いにより四肢麻痺《ししまひ》を伴《ともな》います。

わかりました。テキストや「ワークブック」等《とう》の参考書《さんこうしょ》を活用《かつよう》して勉強《べんきょう》します。

精神障害《せいしんしょうがい》、高次脳機能障害《こうじのうきのうしょうがい》

精神障害《せいしんしょうがい》、高次脳機能障害《こうじのうきのうしょうがい》に関《かん》する問題《もんだい》もよく出《で》ています。

それぞれ、どんな障害《しょうがい》でしょうか？

精神障害者《せいしんしょうがいしゃ》は、**精神疾患《せいしんしっかん》**が慢性的《まんせいてき》にあり、同時《どうじ》に**生活上《せいかつじょう》の障害《しょうがい》がある**ことが特徴《とくちょう》です。高次脳機能障害《こうじのうきのうしょうがい》は、脳《のう》の障害《しょうがい》により、**言語《げんご》**、**記憶《きおく》**、**理解《りかい》**、**判断《はんだん》**、**注意《ちゅうい》**、**学習《がくしゅう》**、**行為《こうい》**、**感情《かんじょう》**などの機能《きのう》が障害《しょうがい》された状態《じょうたい》です。それぞれ代表的《だいひょうてき》な疾患《しっかん》を説明《せつめい》します。

POINT

【精神障害《せいしんしょうがい》の種類《しゅるい》と特性《とくせい》】

○統合失調症《とうごうしっちょうしょう》…青年期《せいねんき》に多《おお》く発病《はつびょう》する原因不明《げんいんふめい》の疾患《しっかん》で、幻覚《げんかく》や妄想《もうそう》などの症状《しょうじょう》が出現《しゅつげん》する。

○うつ病《びょう》…気分《きぶん》が沈《しず》み、行動《こうどう》や動作《どうさ》が緩慢《かんまん》になり、食欲低下《しょくよくていか》や不眠《ふみん》、頭痛《ずつう》などの身体症状《しんたいしょうじょう》が現《あらわ》れる。また不安《ふあん》、悲観的感情《ひかんてきかんじょう》、自責感《じせきかん》が生《しょう》じる。

【高次脳機能障害《こうじのうきのうしょうがい》の種類《しゅるい》と特徴《とくちょう》】

○記憶障害《きおくしょうがい》…物《もの》の置《お》き場所《ばしょ》を忘《わす》れたり、新《あたら》しい出来事《できごと》を覚《おぼ》えられないなどがある。

○注意障害《ちゅういしょうがい》…ぼんやりとしてミスをくりかえす。

○遂行《すいこう》(実行《じっこう》)機能障害《きのうしょうがい》…自分《じぶん》で計画《けいかく》を立《た》てて物事《ものごと》を実行《じっこう》することができなくなる。

○社会的行動障害《しゃかいてきこうどうしょうがい》…依存《いぞん》や退行《たいこう》、欲求《よっきゅう》や感情《かんじょう》のコントロールが低下《ていか》する、人間関係《にんげんかんけい》が築《きず》けない、1つのことにこだわるなどがある。

○半側空間無視《はんそくくうかんむし》…患側《かんそく》の感覚《かんかく》が鈍磨《どんま》していたり、患側《かんそく》の空間《くうかん》にある物《もの》が認知《にんち》できなかったりする。

いろいろな障害《しょうがい》があるんですね。知《し》らないと対応《たいおう》を誤《あやま》ってしまいそうです。

障害《しょうがい》の特性《とくせい》を理解《りかい》し、障害《しょうがい》にあわせて適切《てきせつ》な対応《たいおう》をしていくことが求《もと》められます。では、一問一答《いちもんいっとう》に取《と》り組《く》んでみましょう。

一問一答《いちもんいっとう》（○×チェック）

1 妄想《もうそう》・幻覚《げんかく》は、統合失調症《とうごうしっちょうしょう》の陽性症状《ようせいしょうじょう》である。【○】

2 アルコール依存症《いぞんしょう》は精神障害《せいしんしょうがい》の一《ひと》つである。【○】

3 うつ病《びょう》は女性《じょせい》より男性《だんせい》に多《おお》いとされる。【×】

4 ぼんやりとしてミスを繰《く》り返《かえ》すのを社会的行動障害《しゃかいてきこうどうしょうがい》という。【×】

5 物《もの》の置《お》き場所《ばしょ》を忘《わす》れることを注意障害《ちゅういしょうがい》という。【×】

アルコール依存症《いぞんしょう》も精神障害《せいしんしょうがい》に含《ふく》まれるのですね。

そうです。精神障害《せいしんしょうがい》は、脳《のう》の器質《きしつ》やその人《ひと》の性格《せいかく》、ストレスなどの心理的《しんりてき》影響《えいきょう》、薬剤《やくざい》や嗜好品《しこうひん》（タバコ、カフェイン）といったさまざまなものが原因《げんいん》となって発症《はっしょう》するのです。

わかりました。テキストや『ワークブック』等《とう》の参考書《さんこうしょ》を活用《かつよう》して勉強《べんきょう》します。

知的障害《ちてきしょうがい》、発達障害《はったつしょうがい》

次《つぎ》は**知的障害**《ちてきしょうがい》と**発達障害**《はったつしょうがい》について学《まな》びます。

代表的《だいひょうてき》な障害《しょうがい》を教《おし》えてください。

ダウン症候群《しょうこうぐん》は知的障害《ちてきしょうがい》があることが多《おお》いです。**染色体異常**《せんしょくたいいじょう》が原《げん》因《いん》で、知的障害《ちてきしょうがい》があることに加《くわ》え、**難聴**《なんちょう》や先天的《せんてんてき》な**心疾患**《しんしっかん》などの合併《がっぺい》症《しょう》があることが多《おお》いです。発達障害《はったつしょうがい》はよく出題《しゅつだい》されますので、障害《しょうがい》とその特性《とくせい》を示《しめ》します。

POINT

【発達障害《はったつしょうがい》の特性《とくせい》】

障害《しょうがい》	特性《とくせい》
自閉症《じへいしょう》スペクトラム障害《しょうがい》 自閉症《じへいしょう》スペクトラム	1. 社会的《しゃかいてき》なコミュニケーションの障害《しょうがい》 ・興味《きょうみ》・感情《かんじょう》の共有《きょうゆう》ができない ・視線《しせん》が合《あ》わない、ジェスチャーの理解《りかい》、使用《しよう》ができない 2. 限定《げんてい》された反復的《はんぷくてき》な行動《こうどう》 ・常同的《じょうどうてき》な行動《こうどう》がみられる ・習慣《しゅうかん》へのかたくななこだわり　等《とう》
注意欠陥多動性障害《ちゅういけっかんたどうせいしょうがい》 注意欠如多動症《ちゅういけつじょたどうしょう》 (ADHD)	1. 不注意《ふちゅうい》(集中力《しゅうちゅうりょく》がない) 2. 多動性《たどうせい》(じっとしていられない) 3. 衝動性《しょうどうせい》(順番《じゅんばん》を待《ま》てない)
学習障害《がくしゅうしょうがい》 (LD)	読《よ》み、書《か》き、計算《けいさん》のどれか、またはいくつかに障《しょう》害《がい》がある

それぞれの障害《しょうがい》の特性《とくせい》についてしっかり理解《りかい》したいと思《おも》います。

発達障害《はったつしょうがい》は、**脳機能《のうきのう》の障害《しょうがい》**であって、その症状《しょうじょう》が通常《つうじょう》**低年齢《ていねんれい》**において発現《はつげん》するのもポイントです。

それでは、問題《もんだい》を解《と》いてみましょう。

第《だい》32回《かい》-問題《もんだい》92

自閉症《じへいしょう》スペクトラム障害《しょうがい》(autism spectrum disorder)の特性《とくせい》として、最《もっと》も適切《てきせつ》なものを1つ選《えら》びなさい。

1. 読《よ》み書《か》きの障害《しょうがい》
2. 社会性《しゃかいせい》の障害《しょうがい》
3. 注意《ちゅうい》の障害《しょうがい》
4. 行為障害《こういしょうがい》
5. 運動障害《うんどうしょうがい》

【正解《せいかい》】②

自閉症《じへいしょう》スペクトラム障害《しょうがい》の特性《とくせい》を理解《りかい》していれば解《と》ける問題《もんだい》ですね。

そのとおりです。正解《せいかい》の選択肢《せんたくし》以外《いがい》には、その他《た》の発達障害等《はったつしょうがいとう》の特性《とくせい》があげられています。**障害《しょうがい》ごとの特性《とくせい》**をしっかり理解《りかい》しておくことが大切《たいせつ》です。

▶ 難病《なんびょう》

最近《さいきん》の国家試験《こっかしけん》で必《かなら》ずといっていいほど出題《しゅつだい》される障害《しょうがい》は**難病《なんびょう》**です。しっかりと学《まな》びましょう。

難病《なんびょう》は、**原因不明《げんいんふめい》**で確《たし》かな治療方法《ちりょうほうほう》がないため徐々《じょじょ》に進行《しんこう》し、重度《じゅうど》な身《しん》体障害《たいしょうがい》や後遺症《こういしょう》がみられる疾患《しっかん》を指《さ》します。2013(平成《へいせい》25)年以降《ねんいこう》、**障害《しょうがい》福祉《ふくし》サービスの給付対象《きゅうふたいしょう》**となっています。

それで『障害《しょうがい》の理解《りかい》』から出題《しゅつだい》されるのですね。代表的《だいひょうてき》な疾患《しっかん》を教《おし》えてください。

KEYWORD

【難病《なんびょう》】

疾患名《しっかんめい》	特徴《とくちょう》
筋萎縮性側索硬化症《きんいしゅくせいそくさくこうかしょう》(ALS)	全身《ぜんしん》の筋萎縮《きんいしゅく》が進行《しんこう》し、言語障害《げんごしょうがい》、嚥下障害《えんげしょうがい》、呼吸《こきゅう》困難《こんなん》が生《しょう》じる。知的機能《ちてききのう》と感覚機能《かんかくきのう》の障害《しょうがい》は現《あらわ》れにくい。
パーキンソン病《びょう》	無動《むどう》(動作緩慢《どうさかんまん》)、筋固縮《きんこしゅく》、振戦《しんせん》(ふるえ)、姿勢反射《しせいはんしゃ》障害《しょうがい》、歩行障害《ほこうしょうがい》(すくみ足《あし》、小刻《こきざ》み歩行《ほこう》、突進歩行《とっしんほこう》)
脊髄小脳変性症《せきずいしょうのうへんせいしょう》	運動失調《うんどうしっちょう》、自律神経障害《じりつしんけいしょうがい》(起立性低血圧《きりつせいていけつあつ》、排尿障《はいにょうしょう》害《がい》、発汗障害《はっかんしょうがい》)
ベーチェット病《びょう》	口腔粘膜《こうくうねんまく》の潰瘍《かいよう》、目《め》のぶどう膜炎《まくえん》による視力低下《しりょくていか》、外因性潰瘍《がいいんせいかいよう》
全身性《ぜんしんせい》エリテマトーデス(SLE)	顔面《がんめん》の蝶形紅斑《ちょうけいこうはん》、発熱《はつねつ》、関節炎《かんせつえん》、腎臓機能障害《じんぞうきのうしょうがい》

筋萎縮性側索硬化症《きんいしゅくせいそくさくこうかしょう》(ALS)や**パーキンソン病《びょう》**、**脊髄小脳変《せきずいしょうのうへん》性症《せいしょう》**は事例問題《じれいもんだい》としても出題《しゅつだい》されることが多《おお》いです。

では、問題《もんだい》を見《み》てみましょう。

第《だい》34回《かい》-問題《もんだい》90

筋萎縮性側索硬化症《きんいしゅくせいそくさくこうかしょう》(amyotrophic lateral sclerosis：ALS)では出《しゅつ》現《げん》しにくい 症状《しょうじょう》として、適切《てきせつ》なものを1つ選《えら》びなさい。

1. 四肢《しし》の運動障害《うんどうしょうがい》
2. 構音障害《こうおんしょうがい》
3. 嚥下障害《えんげしょうがい》
4. 感覚障害《かんかくしょうがい》
5. 呼吸障害《こきゅうしょうがい》

【正解《せいかい》】④

筋萎縮性側索硬化症《きんいしゅくせいそくさくこうかしょう》(ALS)では**感覚機能《かんかくきのう》の障害《しょうがい》は現《あらわ》れにくい**という特徴《とくちょう》をおさえていれば解《と》ける問題《もんだい》ですね。

そうですね。誤《あやま》りの選択肢《せんたくし》はほかの難病《なんびょう》の特徴《とくちょう》があげられていますので、疾患《しっかん》ごとの特徴《とくちょう》を理解《りかい》しておきましょう。

わかりました。『ワークブック』を活用《かつよう》して学《まな》びます。

障害《しょうがい》の受容過程《じゅようかてい》

これまでさまざまな障害《しょうがい》について学《まな》んできました。では、障害《しょうがい》のある人《ひと》はどのように障害《しょうがい》を受《う》け止《と》めていくのか、**障害《しょうがい》の受容過程《じゅようかてい》**について学《まな》びたいと思《おも》います。

これから介護《かいご》の仕事《しごと》をしていくうえで、障害《しょうがい》の受容過程《じゅようかてい》を理解《りかい》しておくことは大切《たいせつ》ですね。

障害受容《しょうがいじゅよう》は一般的《いっぱんてき》に**五段階《ごだんかい》の過程《かてい》**で進《すす》むといわれています。

KEYWORD

【障害《しょうがい》の受容過程《じゅようかてい》】

① ショック期《き》	受傷《じゅしょう》してすぐの段階《だんかい》。まだ障害《しょうがい》が残《のこ》るかわからないこともあり比較的平穏《ひかくてきへいおん》な心理状態《しんりじょうたい》
② 否認期《ひにんき》	障害《しょうがい》を意識《いしき》し始《はじ》めるが自分《じぶん》に障害《しょうがい》が残《のこ》ることについては認《みと》めていない
③ 混乱期《こんらんき》	障害《しょうがい》を告知《こくち》されて混乱《こんらん》を示《しめ》す段階《だんかい》。他者《たしゃ》や自分《じぶん》を責《せ》める。抑《よく》うつなどの症状《しょうじょう》を示《しめ》す
④ 解決《かいけつ》への努力期《どりょくき》	外向的《がいこうてき》な攻撃《こうげき》では問題《もんだい》は解決《かいけつ》しないことを悟《さと》り、自分《じぶん》で努力《どりょく》しなければならないことを悟《さと》る
⑤ 受容期《じゅようき》	障害《しょうがい》を自分《じぶん》の一部《いちぶ》として受容《じゅよう》する。残《のこ》された機能《きのう》の活用《かつよう》や価値《かち》の転換《てんかん》が図《はか》られる

これは、モデルとなるものなので、すべての障害者《しょうがいしゃ》に当《あ》てはまるわけではありません。また各段階《かくだんかい》で行《い》ったり来《き》たりを繰《く》り返《かえ》すこともあります。

障害《しょうがい》を受容《じゅよう》するのは難《むずか》しいことなのですね。問題《もんだい》ではどのように出《だ》されますか？

第《だい》32回《かい》-問題《もんだい》94

Gさん（56歳《さい》、男性《だんせい》）は、糖尿病性網膜症《とうにょうびょうせいもうまくしょう》（diabetic retinopathy）に伴《ともな》う眼底出血《がんていしゅっけつ》を繰《く》り返《かえ》して、治療《ちりょう》を受《う》けていた。医師《いし》からは失明《しつめい》は避《さ》けられないと説明《せつめい》を受《う》けた。その後《ご》、Gさんは周囲《しゅうい》に怒《いか》りをぶつけたり、壁《かべ》に頭《あたま》を打《う》ちつけたりという行動《こうどう》がみられるようになった。

このときのGさんの障害受容《しょうがいじゅよう》の状況《じょうきょう》として、最《もっと》も適切《てきせつ》なものを1つ選《えら》びなさい。

1 ショックではあるが、不安《ふあん》はそれほど強《つよ》くない。
2 自分《じぶん》には障害《しょうがい》はないと否認《ひにん》する。
3 前向《まえむ》きに自己努力《じこどりょく》を図《はか》ろうとする。
4 否認《ひにん》ができずに混乱《こんらん》する。
5 新《あたら》しい価値観《かちかん》や役割《やくわり》を見《み》いだす。

【正解《せいかい》】4

事例問題《じれいもんだい》で出題《しゅつだい》されていますね。

最近《さいきん》の傾向《けいこう》では事例形式《じれいけいしき》での出題《しゅつだい》が多《おお》いです。事例《じれい》に結《むす》びつけて理解《りかい》する力《ちから》が必要《ひつよう》ですね。

医療的《いりょうてき》ケア

『医療的《いりょうてき》ケア』は、医行為《いこうい》を行《おこな》うために、介護福祉士《かいごふくしし》に求《もと》められる役割《やくわり》や医療職《いりょうしょく》との連携《れんけい》・協働《きょうどう》、また安全《あんぜん》かつ適切《てきせつ》に実施《じっし》するための知識《ちしき》や技術《ぎじゅつ》について学《まな》ぶ科目《かもく》です。

命《いのち》にかかわる行為《こうい》だから、しっかり勉強《べんきょう》しなくてはいけませんね。一番点数配分《いちばんてんすうはいぶん》の少《すく》ない領域《りょういき》なのでがんばります！

介護福祉職《かいごふくししょく》の専門的役割《せんもんてきやくわり》と医療的《いりょうてき》ケア

まず、医行為《いこうい》を行《おこな》うために、知《し》らなければいけない法律《ほうりつ》についてです。

法改正《ほうかいせい》があり、実務者研修《じつむしゃけんしゅう》などで医療的《いりょうてき》ケアの学習《がくしゅう》が必須《ひっす》になりました。

POINT

【介護福祉士《かいごふくしし》が医行為《いこうい》を行《おこな》うための法改正《ほうかいせい》】

2011年《ねん》（平成《へいせい》23年《ねん》）社会福祉士及《しゃかいふくししおよ》び介護福祉士法改正《かいごふくししほうかいせい》（第《だい》2条《じょう》2項《こう》）

介護福祉士《かいごふくしし》の定義《ていぎ》が「専門的知識及《せんもんてきちしきおよ》び技術《ぎじゅつ》をもって、身体上又《しんたいじょうまた》は精神上《せいしんじょう》の障害《しょうがい》があることにより日常生活《にちじょうせいかつ》を営《いとな》むのに支障《ししょう》がある者《もの》につき心身《しんしん》の状況《じょうきょう》に応《おう》じた介護《かいご》（喀痰吸引《かくたんきゅういん》その他《た》のその者《もの》が日常生活《にちじょうせいかつ》を営《いとな》むのに必要《ひつよう》な行為《こうい》であって、医《い》師《し》の指示《しじ》の下《もと》に行《おこな》われるものを含《ふく》む。）を行《おこな》い、並《なら》びにその者及《ものおよ》びその介護者《かいごしゃ》に対《たい》して介護《かいご》に関《かん》する指導《しどう》を行《おこな》うことを業《ぎょう》とする者《もの》」となった。

それにより、介護福祉士《かいごふくしし》は、診療《しんりょう》の補助《ほじょ》として喀痰吸引等《かくたんきゅういんとう》を業《ぎょう》として行《おこな》えるようになった。

そのとおり、よく知《し》っていますね。介護福祉士《かいごふくしし》が医行為《いこうい》として行《おこな》える具体《ぐたい》的《てき》な内容《ないよう》は次《つぎ》のとおりです。

【医師《いし》の指示《しじ》のもとに行《おこな》われる行為《こうい》】

①口腔内吸引《こうくうないきゅういん》　②鼻腔内吸引《びくうないきゅういん》　③気管《きかん》カニューレ内部吸引《ないぶきゅういん》

④胃《い》ろうまたは腸《ちょう》ろうによる経管栄養《けいかんえいよう》　⑤経鼻経管栄養《けいびけいかんえいよう》

以前《いぜん》は、「**実質的違法性阻却論**《じっしつてきいほうせいそきゃくろん》」※という考《かんが》えに基《もと》づき、これらの行《こう》為《い》が容認《ようにん》されていました。では、出題《しゅつだい》されたものを見《み》てみましょう。

※法的《ほうてき》には違法《いほう》であるが、やむを得《え》ない理由《りゆう》により違法《いほう》ではないとする考《かんが》え。

第《だい》32回《かい》-問題《もんだい》110

2011年《ねん》(平成《へいせい》23年《ねん》)の社会福祉士及《しゃかいふくししおよ》び介護福祉士法《かいごふくししほう》の改正《かいせい》に基《もと》づいて、介護福祉士《かいごふくしし》による実施《じっし》が可能《かのう》になった喀痰吸引等《かくたんきゅういんとう》の制度《せいど》に関《かん》する次《つぎ》の記述《きじゅつ》のうち、正《ただ》しいものを1つ選《えら》びなさい。

1 喀痰吸引《かくたんきゅういん》や経管栄養《けいかんえいよう》は、医行為《いこうい》から除外《じょがい》された。

2 喀痰吸引等《かくたんきゅういんとう》を行《おこな》うためには、実地研修《じっちけんしゅう》を修了《しゅうりょう》する必要《ひつよう》がある。

3 介護福祉士《かいごふくしし》は、病院《びょういん》で喀痰吸引《かくたんきゅういん》を実施《じっし》できる。

4 介護福祉士《かいごふくしし》は、この制度《せいど》の基本研修《きほんけんしゅう》の講師《こうし》ができる。

5 実施《じっし》できる行為《こうい》の一《ひと》つとして、インスリン注射《ちゅうしゃ》がある。

【正解《せいかい》】2

学習《がくしゅう》のポイントとして、**①介護福祉士《かいごふくしし》が医療的《いりょうてき》ケアを行《おこな》えるようになった背景《はいけい》、②医行為《いこうい》ができる条件《じょうけん》の内容《ないよう》、③実施《じっし》できる範囲《はんい》**をおさえておきましょう。

スタンダードプリコーション

近年《きんねん》、感染症《かんせんしょう》は大《おお》きな問題《もんだい》となっています。国家試験対策《こっかしけんたいさく》のためだけでなく、生活《せいかつ》を支《ささ》えるうえで理解《りかい》が不可欠《ふかけつ》な分野《ぶんや》です。

安全《あんぜん》な療養生活《りょうようせいかつ》を守《まも》るためには、理解《りかい》しておかなくてはいけませんね。具《ぐ》体的《たいてき》にはどのような内容《ないよう》がありますか？

感染予防《かんせんよぼう》の基礎知識《きそちしき》、正《ただ》しい手洗《てあら》いの方法《ほうほう》、正《ただ》しいうがいの方法《ほうほう》、介護福《かいごふく》祉職自身《ししょくじしん》の健康管理《けんこうかんり》、環境《かんきょう》の消毒方法《しょうどくほうほう》があります。

私《わたし》の働《はたら》いている高齢者施設《こうれいしゃしせつ》でも、感染対策《かんせんたいさく》の勉強会《べんきょうかい》をしています。

そうですね。厚生労働省《こうせいろうどうしょう》が示《しめ》した「**事業所《じぎょうしょ》における感染対策《かんせんたいさく》**」として、感染症《かんせんしょう》や食中毒予防《しょくちゅうどくよぼう》の委員会《いいんかい》や研修《けんしゅう》、訓練《くんれん》などを定期的《ていきてき》に行《おこな》う必要《ひつよう》があります。そのため、国家試験《こっかしけん》でも問《と》われやすい内容《ないよう》ともいえますよ。
それでは、ケアを提供《ていきょう》するすべての場所《ばしょ》で適用《てきよう》される感染予防策《かんせんよぼうさく》「**スタンダードプリコーション**」について紹介《しょうかい》しましょう。

KEYWORD

【スタンダードプリコーション】

感染症《かんせんしょう》の有無《うむ》に関《かか》わらず、すべての利用者《りようしゃ》を対象《たいしょう》に、すべてのケアする場所《ばしょ》で行われる標準的《ひょうじゅんてき》な予防策《よぼうさく》である。①血液《けつえき》、②体液《たいえき》（汗《あせ》を除《のぞ》く）、③排泄物《はいせつぶつ》、④分泌《ぶんぴ》物《つ》、⑤傷《きず》のある皮膚《ひふ》、⑥粘膜《ねんまく》、は感染《かんせん》する可能性《かのうせい》があるものとみなして取《と》り扱《あつか》う。

【感染症《かんせんしょう》の対応例《たいおうれい》】
・手指衛生《しゅしえいせい》　・個人防護具《こじんぼうごぐ》の使用《しよう》　・使用《しよう》したリネンや器材《きざい》の適切《てきせつ》な処理《しょり》

施設《しせつ》では、ふだんから行《おこな》っていることですね。

感染症予防《かんせんしょうよぼう》の基礎知識《きそちしき》がないと、介護福祉職《かいごふくししょく》が媒介者《ばいかいしゃ》となる恐《おそ》れがあります。そうならないためにも理解《りかい》が必要《ひつよう》です。それでは、実際《じっさい》に出題《しゅつだい》された問題《もんだい》を見《み》てみましょう。

第《だい》31回《かい》 - 問題《もんだい》109

次《つぎ》のうち、スタンダードプリコーション(standard precautions：標準《ひょうじゅん》予防策《よぼうさく》)において、感染《かんせん》する危険性《きけんせい》のあるものとして取《と》り扱《あつか》う対象《たいしょう》を1つ選《えら》びなさい。

1 汗《あせ》
2 唾液《だえき》
3 経管栄養剤《けいかんえいようざい》
4 傷《きず》のない皮膚《ひふ》
5 未使用《みしよう》の吸引《きゅういん》チューブ

【正解《せいかい》】2

感染予防《かんせんよぼう》の基本《きほん》となることが出題《しゅつだい》されているんですね。

これらの知識《ちしき》は『介護《かいご》の基本《きほん》』でも出題《しゅつだい》されますよ。第《だい》32回《かい》では具体的《ぐたいてき》な感染症対策《かんせんしょうたいさく》について出題《しゅつだい》されました。

▶喀痰吸引《かくたんきゅういん》の基礎知識《きそちしき》

この項目《こうもく》では、**呼吸器《こきゅうき》のしくみや喀痰吸引《かくたんきゅういん》が必要《ひつよう》な状態《じょうたい》、吸《きゅう》引《いん》を安全《あんぜん》に行《おこな》うための実施上《じっしじょう》の留意点《りゅういてん》**を学《まな》びます。

実習先《じっしゅうさき》で喀痰吸引《かくたんきゅういん》を見《み》ました。痰《たん》がたまって苦《くる》しそうだし、吸引《きゅういん》をしているときはむせ込《こ》んでいました。からだのしくみや注意点《ちゅういてん》がわからないと、危険《きけん》ですね。

そのとおりです。安全《あんぜん》に行《おこな》うために必要《ひつよう》な知識《ちしき》となります。

喀痰吸引《かくたんきゅういん》は、どんなときに行《おこな》うんですか？

よい質問《しつもん》ですね。いつ・どんなときに行《おこな》うか見《み》ていきましょう。

POINT

【喀痰吸引《かくたんきゅういん》の基礎知識《きそちしき》】

○喀痰吸引《かくたんきゅういん》が必要《ひつよう》な状態《じょうたい》

・痰《たん》が増加《ぞうか》している状態《じょうたい》
・咳《せき》の力《ちから》が弱《よわ》くなり、痰《たん》を出《だ》しにくい状態《じょうたい》
・痰《たん》が硬《かた》くなり、排出《はいしゅつ》しにくい状態《じょうたい》

○痰《たん》が増加《ぞうか》するとき

・口《くち》や鼻《はな》から細菌《さいきん》が入《はい》り込《こ》み細菌感染《さいきんかんせん》が起《お》きているとき
・食物《しょくもつ》が誤《あやま》って気管《きかん》のほうに入《はい》りこみ誤嚥性肺炎《ごえんせいはいえん》が起《お》きているとき
・からだに異物《いぶつ》(口《くち》や鼻《はな》に治療器具《ちりょうきぐ》が入《はい》っている状態《じょうたい》も含《ふく》む)が入《はい》っているとき
・ケア(食事《しょくじ》・入浴《にゅうよく》・体位変換《たいいへんかん》)後《ご》

決《き》まった時間《じかん》に行《おこな》うものではないんですね。

そうです。実施《じっし》が必要《ひつよう》な状態《じょうたい》を判断《はんだん》して行《おこな》います。どのようなときに行《おこな》うとよいのか問《と》う過去問題《かこもんだい》があるので、見《み》てみましょう。

第《だい》31回《かい》-問題《もんだい》110

喀痰吸引《かくたんきゅういん》の実施《じっし》が必要《ひつよう》と判断《はんだん》された利用者《りようしゃ》に対《たい》して、喀痰吸引《かくたんきゅういん》を行《おこな》うことに関《かん》する次《つぎ》の記述《きじゅつ》のうち、最《もっと》も適切《てきせつ》なものを1つ選《えら》びなさい。

1. 日中《にっちゅう》は、1時間《じかん》おきに吸引《きゅういん》を行《おこな》う。
2. 食後《しょくご》の吸引《きゅういん》は避《さ》ける。
3. 入浴時《にゅうよくじ》は、その前後《ぜんご》に吸引《きゅういん》を行《おこな》う。
4. 就寝後《しゅうしんご》は吸引《きゅういん》を控《ひか》える。
5. 仰臥位《ぎょうがい》を2時間保《じかんたも》ってから行《おこな》う。

【正解《せいかい》】③

この問題《もんだい》を見《み》ると、喀痰吸引《かくたんきゅういん》についての理解《りかい》だけでなく、食事《しょくじ》・入浴《にゅうよく》など『こころとからだのしくみ』や『生活支援技術《せいかつしえんぎじゅつ》』の知識《ちしき》も必要《ひつよう》になりそうですね。

そのとおりです。まずは**①呼吸《こきゅう》のしくみとはたらき、②喀痰吸《かくたんきゅう》引《いん》とはどういったものなのか、③起《お》こりやすいトラブルと対応方法《たいおうほうほう》**にポイントを絞《しぼ》って知識《ちしき》を深《ふか》めましょう。

覚《おぼ》えることが多《おお》いですね。

医療的《いりょうてき》ケアの出題《しゅつだい》は、基本的《きほんてき》な知識《ちしき》を問《と》う内容《ないよう》が多《おお》いです。過去問題《かこもんだい》や模《も》擬問題《ぎもんだい》など、多《おお》くの問題《もんだい》を解《と》いてみることをお勧《すす》めします。

▶喀痰吸引《かくたんきゅういん》の実施手順《じっしてじゅん》

喀痰吸引《かくたんきゅういん》の手順《てじゅん》を覚《おぼ》えるのは大変《たいへん》そう。

大丈夫《だいじょうぶ》ですよ。国家試験《こっかしけん》を受《う》ける前《まえ》に、講義《こうぎ》で基本的《きほんてき》な知識《ちしき》を理解《りかい》し、演習《えんしゅう》で実技《じつぎ》を行《おこな》います。これは学生《がくせい》だけでなく、実務者研修《じつむしゃけんしゅう》を受《う》ける方《かた》も同《おな》じです。

この項目《こうもく》で問《と》われやすいのはどのような内容《ないよう》ですか？

①喀痰吸引《かくたんきゅういん》に使用《しよう》する物品《ぶっぴん》、②安全《あんぜん》に実施《じっし》するための手順《てじゅん》、③その報告《ほうこく》や記録《きろく》について出題《しゅつだい》されやすいです。

喀痰吸引《かくたんきゅういん》はどのように行《おこな》われているのでしょうか。介護福祉職《かいごふくししょく》が実施《じっし》するには、何《なに》か制限《せいげん》があるんですか。

実施《じっし》できる範囲《はんい》について紹介《しょうかい》します。

POINT

【介護福祉士等《かいごふくししとう》が実施《じっし》できる喀痰吸引《かくたんきゅういん》の範囲《はんい》】

社会福祉士《しゃかいふくしし》及《およ》び介護福祉士法《かいごふくししほう》で、口腔内《こうくうない》・鼻腔内吸引《びくうないきゅういん》は咽頭手前《いんとうてまえ》まで、気管《きかん》カニューレ内部吸引《ないぶきゅういん》では気管《きかん》カニューレ内《ない》と定《さだ》められている。

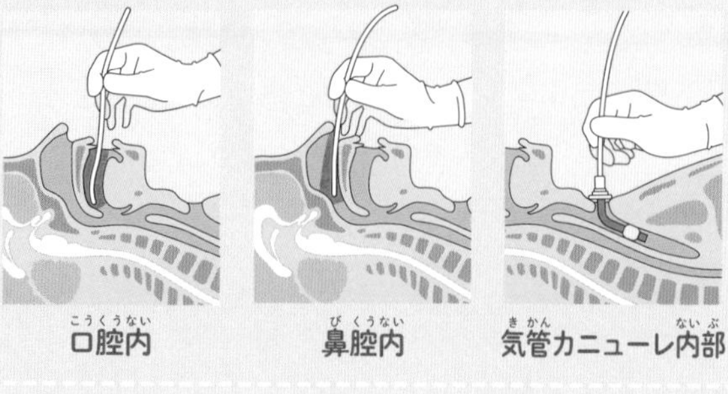

口腔内《こうくうない》　鼻腔内《びくうない》　気管《きかん》カニューレ内部《ないぶ》

吸引《きゅういん》できる範囲《はんい》まで決《き》まっているんですね。これは、呼吸器《こきゅうき》のしくみを理解《りかい》しないといけませんね。

そのとおりです。安全《あんぜん》に行《おこな》うには、呼吸器《こきゅうき》の構造《こうぞう》についても知識《ちしき》を深《ふか》めましょう。こんな問題《もんだい》も出題《しゅつだい》されたことがあります。

第《だい》29回《かい》-問題《もんだい》111（改変）

介護福祉士《かいごふくしし》が鼻腔内《びくうない》の吸引《きゅういん》を行《おこな》うときに、吸引《きゅういん》チューブを挿入《そうにゅう》できる範囲《はんい》の限度《げんど》として、正《ただ》しいものを１つ選《えら》びなさい。

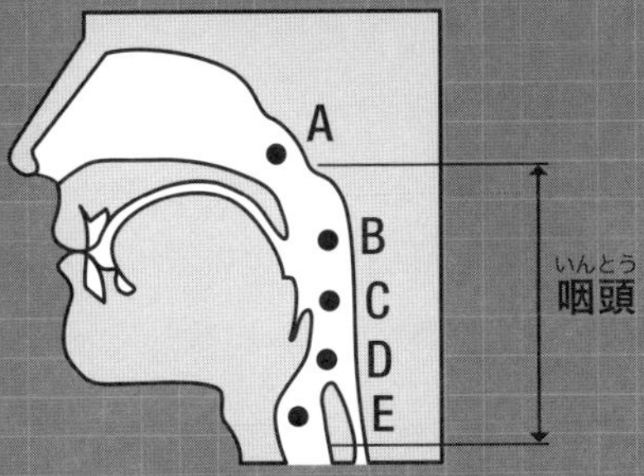

【正解《せいかい》】A

図《ず》で出題《しゅつだい》されることもあるんですね。「咽頭《いんとう》」の部位《ぶい》がわからないと、解《と》くことができないです。

第《だい》33回《かい》では使用《しよう》する物品《ぶっぴん》や手順《てじゅん》、第《だい》35回《かい》、第《だい》36回《かい》では、準備《じゅんび》について出題《しゅつだい》されました。

出題傾向《しゅつだいけいこう》をみると、難《むずか》しいような気《き》もしますが、実技《じつぎ》を行《おこな》うと、連動《れんどう》して覚《おぼ》えることができそうですね。早《はや》く実技《じつぎ》をやってみたいな～。

まずは、講義《こうぎ》で基礎《きそ》がためをしっかり行《おこな》いましょう。

▶経管栄養《けいかんえいよう》の基礎知識《きそちしき》と実施手順《じっしてじゅん》

経管栄養《けいかんえいよう》のポイントとして、①消化管《しょうかかん》のしくみと、よくある消化器症状《しょうかきしょうじょう》、②経管栄養《けいかんえいよう》の必要《ひつよう》な状態《じょうたい》と注入《ちゅうにゅう》する内容《ないよう》、③経《けい》管栄養《かんえいよう》の物品《ぶっぴん》と手技《しゅぎ》、留意点《りゅういてん》、④報告記録《ほうこくきろく》について理解《りかい》しましょう。

これを覚《おぼ》えれば、試験《しけん》でも、実際《じっさい》に行《おこな》うときも大丈夫《だいじょうぶ》でしょうか？

基本的《きほんてき》な知識《ちしき》や技術《ぎじゅつ》だけでは、十分《じゅうぶん》ではありません。安全《あんぜん》に行《おこな》っていても、トラブルが起《お》きることもあるので、その知識《ちしき》や経験《けいけん》も必要《ひつよう》です。

私《わたし》の働《はたら》く施設《しせつ》の利用者《りようしゃ》さんも、経管栄養《けいかんえいよう》を行《おこな》っている途中《とちゅう》、嘔吐《おうと》することがありました。よく起《お》きるトラブルについて、教《おし》えてください。

POINT

【経管栄養時《けいかんえいようじ》によくみられるトラブル】

トラブル	対応《たいおう》	予防策《よぼうさく》
胃《い》ろうチューブの脱落《だつらく》・抜管《ばっかん》	・注入《ちゅうにゅう》せず、すぐに看護職《かんごしょく》に連絡《れんらく》	・注入前《ちゅうにゅうまえ》のチューブの状況《じょうきょう》の確認《かくにん》
嘔吐《おうと》	・ただちに中止《ちゅうし》 ・誤嚥《ごえん》を防《ふせ》ぐために顔《かお》を横《よこ》に向《む》ける ・看護職《かんごしょく》に連絡《れんらく》	・全身状態《ぜんしんじょうたい》の観察《かんさつ》 ・注入速度《ちゅうにゅうそくど》・姿勢《しせい》の確認《かくにん》
しゃっくり	・ただちに中止《ちゅうし》 ・看護職《かんごしょく》に連絡《れんらく》	・全身状態《ぜんしんじょうたい》の観察《かんさつ》 ・注入速度《ちゅうにゅうそくど》・姿勢《しせい》の確認《かくにん》

ほかにも、下痢《げり》、誤嚥性肺炎《ごえんせいはいえん》、スキントラブルなどがある。

以前嘔吐《いぜんおうと》がみられたときは、驚《おどろ》いて何《なに》もすることができませんでした。これを理解《りかい》することで、対応《たいおう》ができるようになりますね。

トラブルが起《お》きないために、原因《げんいん》を追究《ついきゅう》することも大切《たいせつ》です。このような出題《しゅつだい》があったので、見《み》てみましょう。

第《だい》30回《かい》－問題《もんだい》113

Aさん(85歳《さい》)は、胃《い》ろうを造設《ぞうせつ》している。介護福祉士《かいごふくしし》は、栄養剤《えいようざい》を注入《ちゅうにゅう》する前《まえ》にAさんの排尿《はいにょう》を促《うなが》して、排尿《はいにょう》があったのを確認《かくにん》した後《あと》に注入《ちゅうにゅう》を開始《かいし》した。注入《ちゅうにゅう》する栄養剤《えいようざい》は体温《たいおん》に近《ちか》い温度《おんど》で用意《ようい》して、注入中《ちゅうにゅうちゅう》の体位《たいい》は角度《かくど》10度《ど》の仰臥位《ぎょうがい》で行《おこな》った。栄養剤《えいようざい》の量《りょう》と注入《ちゅうにゅう》の速度《そくど》は、指示《しじ》のとおりに行《おこな》った。注入中《ちゅうにゅうちゅう》にAさんが嘔吐《おうと》した。
嘔吐《おうと》の原因《げんいん》として、最《もっと》も可能性《かのうせい》の高《たか》いものを1つ選《えら》びなさい。

1 注入前《ちゅうにゅうまえ》の排尿《はいにょう》
2 栄養剤《えいようざい》の温度《おんど》
3 注入中《ちゅうにゅうちゅう》の体位《たいい》
4 栄養剤《えいようざい》の量《りょう》
5 注入《ちゅうにゅう》の速度《そくど》

【正解《せいかい》】③

この問題《もんだい》を解《と》くには、トラブルについての理解《りかい》だけでは、十分《じゅうぶん》ではないですね。

そのとおり！　第《だい》35回《かい》、第《だい》36回《かい》では、トラブル時《じ》の介護福祉士《かいごふくしし》の対応《たいおう》について出題《しゅつだい》されています。からだのしくみ、経管栄養《けいかんえいよう》の一連《いちれん》の流《なが》れを把握《はあく》、その留意点《りゅういてん》についても理解《りかい》することが必要《ひつよう》です。
また、経管栄養《けいかんえいよう》は食事《しょくじ》に関《かん》する内容《ないよう》です。『こころとからだのしくみ』の食事《しょくじ》についての内容《ないよう》も、あわせて学習《がくしゅう》を進《すす》めましょう。

私《わたし》の介護福祉士《かいごふくしし》国家試験《こっかしけん》合格体験記《ごうかくたいけんき》

屋代冴香《やしろさえか》さん（受験時《じゅけんじ》の職業《しょくぎょう》:学生《がくせい》〈専門学校《せんもんがっこう》〉）

職種《しょくしゅ》：障害者支援施設《しょうがいしゃしえんしせつ》　支援員《しえんいん》

受験《じゅけん》のきっかけ：障害《しょうがい》のある知人《ちじん》がやりたいことに挑戦《ちょうせん》する姿《すがた》を見《み》て、福祉業界《ふくしぎょうかい》への転職《てんしょく》を決心《けっしん》し、専門学校《せんもんがっこう》に入学《にゅうがく》。

受験回数《じゅけんかいすう》：1回目《かいめ》で合格《ごうかく》（第《だい》35回《かい》）

いつ頃《ごろ》から受験勉強《じゅけんべんきょう》を始《はじ》めて、どのような方法《ほうほう》で進《すす》めましたか。

国試《こくし》の1年前《ねんまえ》から始《はじ》めました。基本的《きほんてき》な知識《ちしき》は専門学校《せんもんがっこう》の授業《じゅぎょう》で身《み》に付《つ》いていたので、過去問《かこもん》や模擬問題集《もぎもんだいしゅう》をたくさん解《と》いて出題傾向《しゅつだいけいこう》に慣《な》れるようにしたり、苦手《にがて》な分野《ぶんや》は解説《かいせつ》を読《よ》んで理解《りかい》を深《ふか》めるようにしたりしました。平日《へいじつ》は学校《がっこう》で勉強《べんきょう》し、週末《しゅうまつ》はカフェで5～6時間《じかん》、集中的《しゅうちゅうてき》に勉強《べんきょう》しました。

勉強《べんきょう》に取《と》り組《く》むなかで、困《こま》ったことはありましたか。

活字《かつじ》を読《よ》むのが苦手《にがて》で、テキストの内容《ないよう》が理解《りかい》できないことが何度《なんど》もあったのですが、そんなときは学校《がっこう》の先生《せんせい》に質問《しつもん》しました。授業中《じゅぎょうちゅう》だけでなく職員室《しょくいんしつ》にも足《あし》を運《はこ》びましたが、その都度《つど》ていねいに説明《せつめい》していただきました。

勉強仲間《べんきょうなかま》とのエピソードを教《おし》えてください。

学校《がっこう》に毎日遅《まいにちおそ》くまで残《のこ》って、クラスメートといっしょに勉強《べんきょう》しました。クラスメートとは親子《おやこ》ほどの年齢差《ねんれいさ》があったのですが、仲《なか》も良《よ》く、試験《しけん》が近《ちか》づくとお互《たが》いに問題《もんだい》を出《だ》し合《あ》っていました。また下校途中《げこうとちゅう》に食事《しょくじ》やカラオケに行《い》ったことが気分転換《きぶんてんかん》になりました。仲間《なかま》がいたから国試《こくし》を乗《の》り越《こ》えられたと思《おも》います。

これから受験勉強《じゅけんべんきょう》を始《はじ》めようとしている方《かた》へのアドバイスをお願《ねが》いします。

「努力《どりょく》は裏切《うらぎ》らない」という言葉《ことば》を信《しん》じて、毎日少《まいにちすこ》しずつでも勉強《べんきょう》を続《つづ》けてください。確実《かくじつ》に力《ちから》がついて、点数《てんすう》も上《あ》がっていくと思《おも》います。

私《わたし》の合格《ごうかく》3カ条《じょう》

1. いっしょにがんばる勉強仲間《べんきょうなかま》をつくる
2. 過去問《かこもん》を解《と》いて自分《じぶん》の実力《じつりょく》を知《し》る
3. 気分転換《きぶんてんかん》や自分《じぶん》へのご褒美《ほうび》も忘《わす》れずに！

トン・ヌ・ビック・ゴックさん（受験時《じゅけんじ》の職業《しょくぎょう》：学生《がくせい》〈専門学校《せんもんがっこう》〉）

職種《しょくしゅ》：病院《びょういん》（精神科《せいしんか》）　介護職員《かいごしょくいん》

受験《じゅけん》のきっかけ：高齢《こうれい》の親《おや》のために介護技術《かいごぎじゅつ》を習得《しゅうとく》しようと母国《ぼこく》のベトナムで調《しら》べていたときに日本《にほん》の専門学校《せんもんがっこう》を紹介《しょうかい》され、来日《らいにち》した。

受験回数《じゅけんかいすう》：１回目《かいめ》で合格《ごうかく》（第《だい》35回《かい》）

いつ頃《ごろ》から受験勉強《じゅけんべんきょう》を始《はじ》めて、どのような方法《ほうほう》で進《すす》めましたか。

国試前年《こくしぜんねん》の９月《がつ》から準備《じゅんび》を始《はじ》めましたが、本腰《ほんごし》を入《い》れたのは11月《がつ》ころです。過去問《かこもん》を解《と》いて分《わ》からない箇所《かしょ》は解説《かいせつ》を読《よ》み、それでも理解《りかい》が十分《じゅうぶん》でないときは、図表《ずひょう》の多《おお》い「国試《こくし》ナビ」を参考《さんこう》にしました。さらに休《やす》み時間《じかん》などのスキマ時間《じかん》を活《い》かし、友人《ゆうじん》と「一問一答《いちもんいっとう》ポケットブック」を使《つか》って二択《にたく》クイズを出《だ》し合《あ》ったことも役立《やくだ》ったと思《おも》います。また、私《わたし》はテキストを読《よ》むより動画《どうが》のほうが頭《あたま》に入《はい》るので、YouTubeの講座《こうざ》も活用《かつよう》しました。試験直前《しけんちょくぜん》は苦手科目《にがてかもく》よりも得意科目《とくいかもく》を中心《ちゅうしん》に勉強《べんきょう》したほうが、高得点《こうとくてん》につながると考《かんが》えて実践《じっせん》しました。

苦手《にがて》な科目《かもく》はどのように克服《こくふく》しましたか。

「社会《しゃかい》の理解《りかい》」が苦手《にがて》だったのですが、アルバイト先《さき》の高齢者施設《こうれいしゃしせつ》に社会福祉士《しゃかいふくしし》の職員《しょくいん》さんがいて、わかりやすく説明《せつめい》してくれました。その部分《ぶぶん》が出題《しゅつだい》されたので感謝《かんしゃ》しています。またアルバイトの経験《けいけん》は、受験科目《じゅけんかもく》の理解《りかい》につながったと思《おも》います。

役《やく》に立《た》った参考書《さんこうしょ》を教《おし》えてください。

「介護福祉士国家試験《かいごふくししこっかしけん》　過去問解説集《かこもんかいせつしゅう》」「介護福祉士国家試験《かいごふくししこっかしけん》　一問一答《いちもんいっとう》ポケットブック」「介護福祉士国試《かいごふくししこくし》ナビ」（以上中央法規《いじょうちゅうおうほうき》）

これから受験勉強《じゅけんべんきょう》を始《はじ》めようとしている方《かた》へのアドバイスをお願《ねが》いします。

養成校《ようせいこう》に通《かよ》っている方《かた》は、まず授業《じゅぎょう》を真剣《しんけん》に受《う》けましょう。受験《じゅけん》に必要《ひつよう》な知識《ちしき》は授業《じゅぎょう》でも重点的《じゅうてんてき》に教《おし》えてくれているはずです。

私《わたし》の合格《ごうかく》３カ条《じょう》

1. 分《わ》からないことはすぐに先生《せんせい》や友人《ゆうじん》に質問《しつもん》する
2. 問題《もんだい》を間違《まちが》えたら、すぐ参考書《さんこうしょ》を確認《かくにん》して正《ただ》しい知識《ちしき》を覚《おぼ》える
3. 試験直前《しけんちょくぜん》は苦手科目《にがてかもく》ではなく得意《とくい》な科目《かもく》を重点的《じゅうてんてき》に！

介護《かいご》の基本《きほん》

『介護《かいご》の基本《きほん》』では、介護福祉士《かいごふくしし》を取《と》り巻《ま》く状況《じょうきょう》など、介護福祉士《かいごふくしし》自身《じしん》に関《かん》することや介護《かいご》を必要《ひつよう》とする人《ひと》の理解《りかい》、介護《かいご》サービスに関《かん》する知識《ちしき》などが問《と》われます。

いろいろな数字《すうじ》や知《し》らない言葉《ことば》が出《で》てきているけれど、どうやって勉強《べんきょう》すれば覚《おぼ》えやすいかな。

▶介護福祉士《かいごふくしし》の義務《ぎむ》

制度系《せいどけい》の科目《かもく》を学習《がくしゅう》するには、独学《どくがく》よりも受験対策《じゅけんたいさく》セミナーなどを活用《かつよう》したほうが効率的《こうりつてき》に大事《だいじ》なポイントを学《まな》べます。

介護福祉士《かいごふくしし》になると、国家資格取得者《こっかしかくしゅとくしゃ》として守《まも》らなければならないこともあるのでしょうか？

はい。**専門職《せんもんしょく》として遵守《じゅんしゅ》するべきもの**はたくさんあります。ここではその1つである「**義務規定《ぎむきてい》**」を取《と》り上《あ》げてみましょう。

KEYWORD

【介護福祉士《かいごふくしし》に求《もと》められる義務《ぎむ》】

社会福祉士及《しゃかいふくししおよ》び介護福祉士法《かいごふくししほう》では、介護福祉士《かいごふくしし》の義務等《ぎむとう》として、①誠実義務《せいじつぎむ》、②信用失墜行為《しんようしっついこうい》の禁止《きんし》、③秘密保持義務《ひみつほじぎむ》、④連携《れんけい》、⑤資質向上《ししつこうじょう》の責務《せきむ》が規定《きてい》されている。

身《み》が引《ひ》き締《し》まる思《おも》いがするものばかりです。

そうでしょう。国家資格《こっかしかく》を取得《しゅとく》するということは、**国家《こっか》が認《みと》めた専門《せんもん》家《か》**になるということですからね。国家試験《こっかしけん》でも義務規定《ぎむきてい》はよく出《で》ています。

第《だい》35回《かい》 - 問題《もんだい》66

社会福祉士《しゃかいふくしし》及《およ》び介護福祉士法《かいごふくししほう》に規定《きてい》されている介護福祉士《かいごふくしし》の責務《せきむ》として、最《もっと》も適切《てきせつ》なものを１つ選《えら》びなさい。

1. 地域生活支援事業《ちいきせいかつしえんじぎょう》その他《た》の支援《しえん》を総合的《そうごうてき》に行《おこな》う。
2. 介護等《かいごとう》に関《かん》する知識及《ちしきおよ》び技能《ぎのう》の向上《こうじょう》に努《つと》める。
3. 肢体《したい》の不自由《ふじゆう》な利用者《りようしゃ》に対《たい》して必要《ひつよう》な訓練《くんれん》を行《おこな》う。
4. 介護保険事業《かいごほけんじぎょう》に要《よう》する費用《ひよう》を公平《こうへい》に負担《ふたん》する。
5. 常《つね》に心身《しんしん》の健康《けんこう》を保持《ほじ》して、社会的活動《しゃかいてきかつどう》に参加《さんか》するように努《つと》める。

【正解《せいかい》】②

正解《せいかい》の選択肢《せんたくし》の内容《ないよう》は、「資質向上《ししつこうじょう》の責務《せきむ》」にあたりますね。

そのとおりです。介護福祉士《かいごふくしし》の資格《しかく》を取得《しゅとく》することがゴールではなく、常《つね》に学《まな》び続《つづ》けることが求《もと》められますね。

その他《ほか》に覚《おぼ》えておくことはありますか？

日本介護福祉士会《にほんかいごふくししかい》の倫理綱領《りんりこうりょう》の内容《ないよう》もしっかり押《お》さえておきましょう。

▶国際生活機能分類《こくさいせいかつきのうぶんるい》(ICF)

ICFは、人《ひと》の健康《けんこう》のすべての側面《そくめん》と、安寧《あんねい》のうち健康《けんこう》に関《かん》する構成要素《こうせいようそ》のいくつかを扱《あつか》うものです。それらを「**健康状況**《けんこうじょうきょう》」と「**健康関連状況**《けんこうかんれんじょうきょう》」に分類《ぶんるい》して記述《きじゅつ》します。国家試験《こっかしけん》には毎年《まいとし》のように出題《しゅつだい》されます。

介護福祉士《かいごふくしし》になるためにICFを学《まな》ぶのはどうしてでしょうか?

よい質問《しつもん》です。では、ICFの目的《もくてき》を1つ紹介《しょうかい》しましょう。

KEYWORD

【ICFの目的《もくてき》】

ICFの目的《もくてき》の1つは、「生《い》きることの全体像《ぜんたいぞう》」を示《しめ》すための共通言語《きょうつうげんご》を確立《かくりつ》することである。それによって、障害《しょうがい》のある人々《ひとびと》を含《ふく》む、保健医療従事者《ほけんいりょうじゅうじしゃ》、研究者《けんきゅうしゃ》、政策立案者《せいさくりつあんしゃ》、一般市民《いっぱんしみん》などのさまざまな利用者間《りようしゃかん》のコミュニケーションを改善《かいぜん》することを目指《めざ》している。

ICFは**共通言語**《きょうつうげんご》なのですね。確《たし》かに、共通言語《きょうつうげんご》がないと連携《れんけい》をする際《さい》のコミュニケーションが難《むずか》しいですものね。

国家試験《こっかしけん》だけでなく、実務《じつむ》にも活《い》かせるようにきちんと覚《おぼ》えなければいけないことだとわかりました。

そうですね。上記《じょうき》の目的《もくてき》により、介護福祉士《かいごふくしし》が連携《れんけい》、協働《きょうどう》する職種《しょくしゅ》の方《かた》も、国際生活機能分類《こくさいせいかつきのうぶんるい》(ICF)を学《まな》んでいるのです。
ICFの構成要素間《こうせいようそかん》の相互作用《そうごさよう》を示《しめ》した概念図《がいねんず》を覚《おぼ》えてしまえば、解答《かいとう》できる問題《もんだい》はたくさんあります。右《みぎ》の図《ず》を見《み》ながら問題《もんだい》を解《と》いてみてください。

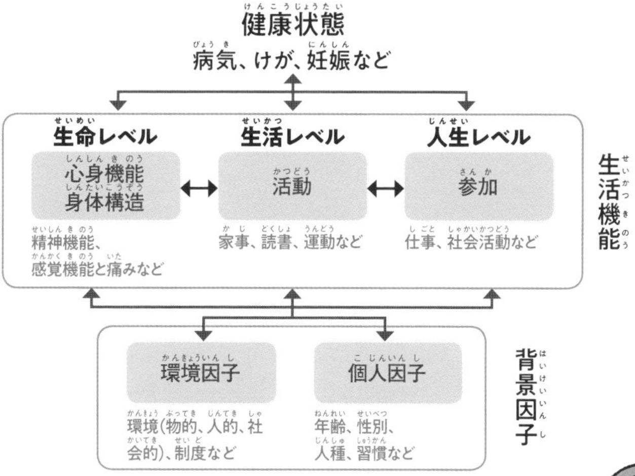

第《だい》34回《かい》-問題《もんだい》20

Gさん(70歳《さい》、男性《だんせい》、要介護《ようかいご》2)は、パーキンソン病《びょう》(Parkinson disease)と診断《しんだん》されていて、外出《がいしゅつ》するときは車《くるま》いすを使用《しよう》している。歩行《ほこう》が不安定《ふあんてい》なため、週《しゅう》2回《かい》通所《つうしょ》リハビリテーションを利用《りよう》している。Gさんは、1年前《ねんまえ》に妻《つま》が亡《な》くなり、息子《むすこ》と二人暮《ふたりぐ》らしである。Gさんは社交的《しゃこうてき》な性格《せいかく》で地域住民《ちいきじゅうみん》との交流《こうりゅう》を望《のぞ》んでいるが、自宅周辺《じたくしゅうへん》は坂道《さかみち》や段差《だんさ》が多《おお》くて移動《いどう》が難《むずか》しく、交流《こうりゅう》ができていない。
Gさんの状況《じょうきょう》をICF(International Classification of Functioning, Disability and Health:国際生活機能分類《こくさいせいかつきのうぶんるい》)で考《かんが》えた場合《ばあい》、参加制約《さんかせいやく》の原因《げんいん》になっている環境因子《かんきょういんし》として、最《もっと》も適切《てきせつ》なものを1つ選《えら》びなさい。

1 パーキンソン病《びょう》(Parkinson disease)

2 不安定《ふあんてい》な歩行《ほこう》

3 息子《むすこ》と二人暮《ふたりぐ》らし

4 自宅周辺《じたくしゅうへん》の坂道《さかみち》や段差《だんさ》

5 車《くるま》いす

【正解《せいかい》】4

リハビリテーションの概念《がいねん》

リハビリテーションは、『こころとからだのしくみ』や『障害《しょうがい》の理解《りかい》』でも出題《しゅつだい》されることが多《おお》い項目《こうもく》です。そのポイントを紹介《しょうかい》しましょう。

リハビリテーションというと、**理学療法士《りがくりょうほうし》**や**作業療法士《さぎょうりょうほうし》**が頭《あたま》に浮《う》かびます。

病院《びょういん》で平行棒《へいこうぼう》を利用《りよう》して歩行訓練《ほこうくんれん》に取《と》り組《く》んでいる人《ひと》の姿《すがた》を思《おも》い浮《う》かべます。

どちらも正《ただ》しいです。そのような機能訓練《きのうくんれん》に関《かん》する知識《ちしき》も大切《たいせつ》ですが、リハビリテーションは以下《いか》の**4つの領域《りょういき》から構成《こうせい》されている**ことを学《まな》びましょう。

KEYWORD

【リハビリテーションの定義《ていぎ》】

1981年《ねん》にWHOが「リハビリテーションは能力低下《のうりょくていか》やその状態《じょうたい》を改善《かいぜん》し、障害《しょうがい》者《しゃ》の社会的統合《しゃかいてきとうごう》を達成《たっせい》するためのあらゆる手段《しゅだん》を含《ふく》んでいる」と定義《ていぎ》した。

【リハビリテーションの領域《りょういき》】

①医学的《いがくてき》リハビリテーション、②教育的《きょういくてき》リハビリテーション、③職業的《しょくぎょうてき》リハビリテーション、④社会的《しゃかいてき》リハビリテーション

それでは、実際《じっさい》に出題《しゅつだい》された問題《もんだい》を見《み》てみましょう。

第《だい》33回《かい》-問題《もんだい》21

高齢者《こうれいしゃ》のリハビリテーションに関《かん》する次《つぎ》の記述《きじゅつ》のうち、最《もっと》も適切《てきせつ》なものを1つ選《えら》びなさい。

1. 機能訓練《きのうくんれん》は、1回《かい》の量《りょう》を少《すく》なくして複数回《ふくすうかい》に分《わ》けて行《おこな》う。
2. 基本的《きほんてき》な動作《どうさ》を行《おこな》う訓練《くんれん》は、物理療法《ぶつりりょうほう》である。
3. 関節障害《かんせつしょうがい》のある人《ひと》の筋力訓練《きんりょくくんれん》は、関節《かんせつ》を積極的《せっきょくてき》に動《うご》かすことが効果的《こうかてき》である。
4. パーキンソン病《びょう》(Parkinson disease)の人《ひと》の訓練《くんれん》では、体幹《たいかん》をひねることは避《さ》ける。
5. 関節《かんせつ》リウマチ(rheumatoid arthritis)の人《ひと》の訓練《くんれん》は、朝《あさ》に行《おこな》うことが効果的《こうかてき》である。

【正解《せいかい》】1

この問題《もんだい》では、4つの領域《りょういき》の中《なか》の「**医学的《いがくてき》リハビリテーション**」に関《かん》することが問《と》われているみたいです。

そうですね。医学的《いがくてき》な知識《ちしき》を含《ふく》んでいる選択肢《せんたくし》もありますので、迷《まよ》ってしまうことがあるかもしれませんね。

ほかにはどのような出題《しゅつだい》のされ方《かた》があるのでしょうか?

「4つの領域《りょういき》のうち、介護福祉職《かいごふくししょく》において最《もっと》も重要《じゅうよう》となるリハビリテーションはどれか?」といった出題《しゅつだい》がありました。

社会的《しゃかいてき》リハビリテーションが答《こた》えになりますね。

正解《せいかい》です!

介護《かいご》サービス

専門職《せんもんしょく》としてサービスの種類《しゅるい》を知《し》ることは、利用者《りようしゃ》を適切《てきせつ》に支援《しえん》するためにも大切《たいせつ》です。ここでは**介護《かいご》サービス**にどのようなものがあるのかを学《まな》びましょう。

ヘルパーさんが来《き》てくれたり、デイサービスに通《かよ》ったりするサービスのことですね！

指定介護老人福祉施設《していかいごろうじんふくししせつ》(特別養護老人《とくべつようごろうじん》ホーム)への入所《にゅうしょ》なども介護《かいご》サービスというのではないかと思《おも》います。

そうですね。整理《せいり》の方法《ほうほう》として、**①居宅《きょたく》サービス**、**②地域密着型《ちいきみっちゃくがた》サービス**、**③入所系《にゅうしょけい》サービス**というように分類《ぶんるい》して理解《りかい》するとよいでしょう。ここでは、特《とく》に聞《き》かれやすい地域密着型《ちいきみっちゃくがた》サービスを紹介《しょうかい》します。

KEYWORD

【地域密着型《ちいきみっちゃくがた》サービス】

2005(平成《へいせい》17)年《ねん》の介護保険法《かいごほけんほう》の改正《かいせい》によって整備《せいび》された(施行《せこう》は2006(平成《へいせい》18)年《ねん》)。高齢者《こうれいしゃ》の住《す》む地域《ちいき》の特性《とくせい》に応《おう》じて、できる限《かぎ》り生活《せいかつ》が継続《けいぞく》できるように、多様《たよう》で柔軟《じゅうなん》なサービスを提供《ていきょう》することを目的《もくてき》とする。

【地域密着型《ちいきみっちゃくがた》サービスの種類《しゅるい》】

① 定期巡回《ていきじゅんかい》・随時対応型訪問介護看護《ずいじたいおうがたほうもんかいごかんご》
② 小規模多機能型居宅介護《しょうきぼたきのうがたきょたくかいご》
③ 夜間対応型訪問介護《やかんたいおうがたほうもんかいご》
④ 認知症対応型通所介護《にんちしょうたいおうがたつうしょかいご》
⑤ 認知症対応型共同生活介護《にんちしょうたいおうがたきょうどうせいかつかいご》(グループホーム)
⑥ 地域密着型特定施設入居者生活介護《ちいきみっちゃくがたとくていしせつにゅうきょしゃせいかつかいご》
⑦ 地域密着型介護老人福祉施設入所者生活介護《ちいきみっちゃくがたかいごろうじんふくししせつにゅうしょしゃせいかつかいご》
⑧ 看護小規模多機能型居宅介護《かんごしょうきぼたきのうがたきょたくかいご》
⑨ 地域密着型通所介護《ちいきみっちゃくがたつうしょかいご》

ここでも「地域《ちいき》」という言葉《ことば》が出《で》てきますね。これはやはり住民《じゅうみん》に近《ちか》い立場《たちば》にある市区町村《しくちょうそん》が主体《しゅたい》となるサービスなのでしょうか？

はい。①居宅《きょたく》サービスの指定《してい》・監督《かんとく》は「都道府県《とどうふけん》」、②地域密着型《ちいきみっちゃくがた》サービスの指定《してい》・監督《かんとく》は「市区町村《しくちょうそん》」です。

同《おな》じ介護保険《かいごほけん》のサービスであっても、**指定《してい》・監督《かんとく》する機関《きかん》が異《こと》なる**ことも理解《りかい》するとよいのですね！

受験書籍等《じゅけんしょせきとう》で、各《かく》サービスの概要《がいよう》を軽《かる》めにインプットするだけでも、以下《いか》のような問題《もんだい》は解答《かいとう》できます。

第《だい》30回《かい》 - 問題《もんだい》21

看護小規模多機能型居宅介護《かんごしょうきぼたきのうがたきょたくかいご》に関《かん》する次《つぎ》の記述《きじゅつ》のうち、適切《てきせつ》なものを1つ選《えら》びなさい。

1. 居宅《きょたく》サービスに位置《いち》づけられている。
2. 長期間《ちょうきかん》の宿泊《しゅくはく》を目的《もくてき》としている。
3. 管理者《かんりしゃ》は医師《いし》とされている。
4. 都道府県域《とどうふけんいき》でのサービス提供《ていきょう》を行《おこな》う。
5. 看護《かんご》と介護《かいご》を一体的《いったいてき》に提供《ていきょう》する。

【正解《せいかい》】5

受験対策《じゅけんたいさく》にかける時間《じかん》を計画的《けいかくてき》に確保《かくほ》して、早《はや》い時期《じき》から学習《がくしゅう》を開始《かいし》したほうがよいことがわかりました。

どのようなサービスが存在《そんざい》しているのかを理解《りかい》することが、地域《ちいき》での生活《せいかつ》を支《ささ》えることにつながるのだといえますね。

高齢者虐待防止法《こうれいしゃぎゃくたいぼうしほう》

虐待《ぎゃくたい》は高齢者《こうれいしゃ》に限《かぎ》らず、被虐待者《ひぎゃくたいしゃ》の人権《じんけん》にかかわる行為《こうい》です。厚生労働省《こうせいろうどうしょう》からは、毎年《まいとし》「『高齢者虐待《こうれいしゃぎゃくたい》の防止《ぼうし》、高齢者《こうれいしゃ》の養護者《ようごしゃ》に対《たい》する支援等《しえんとう》に関《かん》する法律《ほうりつ》』に基《もと》づく対応状況等《たいおうじょうきょうとう》に関《かん》する調査結果《ちょうさけっか》」が報告《ほうこく》されています。

高齢者虐待《こうれいしゃぎゃくたい》の種類《しゅるい》には、どのようなものがあるのでしょうか？

以下《いか》の5つに分類《ぶんるい》されています。

【高齢者虐待《こうれいしゃぎゃくたい》の種類《しゅるい》】
①身体的虐待《しんたいてきぎゃくたい》　②ネグレクト（介護《かいご》・養護《ようご》の放棄《ほうき》）
③心理的虐待《しんりてきぎゃくたい》　④性的虐待《せいてきぎゃくたい》　⑤経済的虐待《けいざいてきぎゃくたい》

高齢者虐待防止法《こうれいしゃぎゃくたいぼうしほう》は、いつ施行《せこう》されたのでしょうか？

概要《がいよう》を説明《せつめい》しましょう。

KEYWORD

【高齢者虐待防止法《こうれいしゃぎゃくたいぼうしほう》】

正式名称《せいしきめいしょう》は「高齢者虐待《こうれいしゃぎゃくたい》の防止《ぼうし》、高齢者《こうれいしゃ》の養護者《ようごしゃ》に対《たい》する支援等《しえんとう》に関《かん》する法律《ほうりつ》」。2006（平成《へいせい》18）年《ねん》に施行《せこう》された。高齢者《こうれいしゃ》の虐待《ぎゃくたい》が深刻《しんこく》な状況《じょうきょう》にあり、高齢者《こうれいしゃ》の尊厳《そんげん》の保持《ほじ》のために高齢者虐待《こうれいしゃぎゃくたい》を防止《ぼうし》することがきわめて重要《じゅうよう》であることから制定《せいてい》された。

「虐待者《ぎゃくたいしゃ》」と「被虐待者《ひぎゃくたいしゃ》」を整理《せいり》して割合《わりあい》を覚《おぼ》えることが、国家試験《こっかしけん》には役《やく》立《だ》ちます。次《つぎ》に調査結果《ちょうさけっか》の一部《いちぶ》を示《しめ》すので、目《め》を通《とお》してから問題《もんだい》を解《と》いてみてください。

「虐待者《ぎゃくたいしゃ》」と「被虐待者《ひぎゃくたいしゃ》」の割合《わりあい》

項目《こうもく》	養介護施設従事者《ようかいごしせつじゅうじしゃ》等《とう》による虐待《ぎゃくたい》	養護者《ようごしゃ》による虐待《ぎゃくたい》
被虐待者《ひぎゃくたいしゃ》	男性《だんせい》＜女性《じょせい》 (女性《じょせい》が約《やく》7割《わり》) 85～89歳《さい》が最多《さいた》	男性《だんせい》＜女性《じょせい》 (女性《じょせい》が約《やく》8割弱《わりじゃく》) 80～84歳《さい》が最多《さいた》
虐待《ぎゃくたい》の種類《しゅるい》 (上《うえ》から多《おお》い順《じゅん》)	①身体的虐待《しんたいてきぎゃくたい》 ②心理的虐待《しんりてきぎゃくたい》 ③介護等放棄《かいごとうほうき》 ④経済的虐待《けいざいてきぎゃくたい》 ⑤性的虐待《せいてきぎゃくたい》	①身体的虐待《しんたいてきぎゃくたい》 ②心理的虐待《しんりてきぎゃくたい》 ③介護等放棄《かいごとうほうき》 ④経済的虐待《けいざいてきぎゃくたい》 ⑤性的虐待《せいてきぎゃくたい》
虐待者《ぎゃくたいしゃ》 (上《うえ》から多《おお》い順《じゅん》)	①男性《だんせい》 ②女性《じょせい》	①息子《むすこ》 ②夫《おっと》 ③娘《むすめ》 ④妻《つま》

第《だい》35回《かい》‐問題《もんだい》16 (社会《しゃかい》の理解《りかい》で出題《しゅつだい》)

「高齢者虐待防止法《こうれいしゃぎゃくたいぼうしほう》」に関《かん》する次《つぎ》の記述《きじゅつ》のうち、最《もっと》も適切《てきせつ》なものを1つ選《えら》びなさい。

1. 虐待《ぎゃくたい》が起《お》こる場《ば》として、家庭《かてい》、施設《しせつ》、病院《びょういん》の3つが規定《きてい》されている。
2. 対象《たいしょう》は、介護保険制度《かいごほけんせいど》の施設《しせつ》サービス利用者《りようしゃ》とされている。
3. 徘徊《はいかい》しないように車《くるま》いすに固定《こてい》することは、身体拘束《しんたいこうそく》には当《あ》たらない。
4. 虐待《ぎゃくたい》を発見《はっけん》した養介護施設従事者《ようかいごしせつじゅうじしゃ》には、通報《つうほう》する義務《ぎむ》がある。
5. 虐待《ぎゃくたい》の認定《にんてい》は、警察署長《けいさつしょちょう》が行《おこな》う。

【正解《せいかい》】④

感染対策《かんせんたいさく》

感染対策《かんせんたいさく》の3原則《げんそく》には、**①感染源《かんせんげん》の排除《はいじょ》**、**②感染経路《かんせんけいろ》の遮《しゃ》断《だん》**、**③宿主《しゅくしゅ》の抵抗力《ていこうりょく》の向上《こうじょう》**があります。

感染源《かんせんげん》となるものには、どのようなものがあるのでしょうか？

①嘔吐物《おうとぶつ》・排泄物《はいせつぶつ》、**②血液《けつえき》・体液《たいえき》・分泌物《ぶんぴつぶつ》**、**③使用《しよう》した器《き》具《ぐ》・器材《きざい》**、**④①～③に触《ふ》れた手《て》で取《と》り扱《あつか》った食品《しょくひん》**などがあります。

介護《かいご》をしているときに①～④に触《ふ》れるのはやむをえないので、**介護福《かいごふく》祉職《ししょく》がそこから感染《かんせん》を広《ひろ》めてしまうことがないようにする**ことが大事《だいじ》なのですね！

そのとおりです。以下《いか》に介護福祉職《かいごふくししょく》がとるべき感染症対策《かんせんしょうたいさく》をまとめました。

POINT

【感染《かんせん》リスクの減少《げんしょう》のための対応方法《たいおうほうほう》】

すべての人《ひと》の血液《けつえき》、体液《たいえき》、分泌物《ぶんぴつぶつ》、嘔吐物《おうとぶつ》、排泄物《はいせつぶつ》などに触《ふ》れるときには、手袋《てぶくろ》やマスクを着用《ちゃくよう》する。触《ふ》れる可能性《かのうせい》がある場合《ばあい》にも、確実《かくじつ》に着用《ちゃくよう》する。また、必《ひつ》要《よう》に応《おう》じてゴーグル、エプロン、ガウン等《とう》を着用《ちゃくよう》する。手袋《てぶくろ》をはずしたときは、必《かなら》ず手洗《てあら》いをする。

手指消毒《しゅししょうどく》も大切《たいせつ》なことですね。

もちろんです。感染症《かんせんしょう》の対策《たいさく》についての出題《しゅつだい》は、このような基本的《きほんてき》な対応《たいおう》方法《ほうほう》から応用的《おうようてき》なものまで、幅広《はばひろ》く出題《しゅつだい》されています。

第《だい》31回《かい》 - 問題《もんだい》25

介護老人福祉施設《かいごろうじんふくししせつ》の感染対策《かんせんたいさく》に関《かん》する次《つぎ》の記述《きじゅつ》のうち、適切《てきせつ》なものを1つ選《えら》びなさい。

1. 感染対策《かんせんたいさく》のための委員会《いいんかい》を開催《かいさい》することは任意《にんい》である。
2. 手洗《てあら》いは、消毒液《しょうどくえき》に手《て》を浸《ひた》して行《おこな》う。
3. 洗面所《せんめんじょ》のタオルは共用《きょうよう》にする。
4. 入所者《にゅうしょしゃ》の健康状態《けんこうじょうたい》の異常《いじょう》を発見《はっけん》したら、すぐに生活相談員《せいかつそうだんいん》に報告《ほうこく》する。
5. おむつ交換《こうかん》は、使《つか》い捨《す》て手袋《てぶくろ》を着用《ちゃくよう》して行《おこな》うことが基本《きほん》である。

【正解《せいかい》】⑤

この問題《もんだい》はやさしく感《かん》じます。

私《わたし》もやさしく感《かん》じます。

そうかもしれませんね。このような問題《もんだい》は、得点率《とくてんりつ》が高《たか》くなる可能性《かのうせい》が高《たか》いです。国家試験《こっかしけん》では**「多《おお》くの人《ひと》が正解《せいかい》する」という問題《もんだい》を「自分《じぶん》も得点《とくてん》する」**という意識《いしき》で臨《のぞ》むと、よい結果《けっか》が出《だ》せるでしょう。また、感染対策《かんせんたいさく》は『医療的《いりょうてき》ケア』でも出題《しゅつだい》されるので、両方《りょうほう》の科目《かもく》で知識《ちしき》を深《ふか》めておきましょう。

コミュニケーション技術《ぎじゅつ》

『コミュニケーション技術《ぎじゅつ》』では、コミュニケーション技術《ぎじゅつ》の具《ぐ》体的《たいてき》な活用《かつよう》について学《まな》びます。利用者《りようしゃ》の状況《じょうきょう》・状態《じょうたい》に合《あ》わせたコミュニケーションや家族《かぞく》への対応《たいおう》、チームにおけるコミュニケーションについて理解《りかい》することが求《もと》められます。

コミュニケーション技術《ぎじゅつ》をより具体的《ぐたいてき》に学《まな》んでいくのですね。しっかりと身《み》につけたいと思《おも》います。

利用者《りようしゃ》・家族《かぞく》との関係《かんけい》づくり

介護福祉職《かいごふくししょく》は利用者《りようしゃ》だけでなく、家族《かぞく》と信頼関係《しんらいかんけい》を形成《けいせい》することが大切《たいせつ》ですよね。介護現場《かいごげんば》では、実際《じっさい》に家族《かぞく》と関《かか》わることや相談《そうだん》を受《う》けることが多《おお》いです。

家族《かぞく》と良好《りょうこう》な関係《かんけい》を築《きず》くには、利用者《りようしゃ》と家族《かぞく》の関係性《かんけいせい》を把握《はあく》し、家族《かぞく》の思《おも》いを尊重《そんちょう》した対応《たいおう》が求《もと》められます。また、家族《かぞく》のこれまでの努力《どりょく》を**肯定《こうてい》的《てき》**に認《みと》め、**受容的《じゅようてき》**に関《かか》わることが大切《たいせつ》です。

利用者《りようしゃ》と家族《かぞく》の意向《いこう》が違《ちが》う場合《ばあい》はどのように対応《たいおう》したらよいですか？

POINT

【利用者《りようしゃ》と家族《かぞく》の意向《いこう》を調整《ちょうせい》するための支援《しえん》】

どちらかを優先《ゆうせん》させるのではなく、できる限《かぎ》り両者《りょうしゃ》の意向《いこう》を調整《ちょうせい》することが大切《たいせつ》である。

介護福祉職《かいごふくししょく》は利用者《りようしゃ》と家族双方《かぞくそうほう》の意向《いこう》を聞《き》くとともに、利用者本人《りようしゃほんにん》が家族《かぞく》に自分《じぶん》の思《おも》いを話《はな》せるように動機《どうき》づけしたり、話《はな》す場《ば》を設定《せってい》したりするなど、意向《いこう》の調整《ちょうせい》を図《はか》ります。

ここでも、聞《き》く技術《ぎじゅつ》が大切《たいせつ》になるんですね。国家試験《こっかしけん》ではどのような問題《もんだい》が出《だ》されますか？

第《だい》35回《かい》-問題《もんだい》75

利用者《りようしゃ》の家族《かぞく》と信頼関係《しんらいかんけい》を形成《けいせい》するための留意点《りゅういてん》として、最《もっと》も適切《てきせつ》なものを１つ選《えら》びなさい。

1. 家族《かぞく》の希望《きぼう》を優先《ゆうせん》する。
2. 話《はな》し合《あ》いの機会《きかい》を丁寧《ていねい》にもつ。
3. 一度形成《いちどけいせい》した信頼関係《しんらいかんけい》は、変《か》わらずに継続《けいぞく》すると考《かんが》える。
4. 家族《かぞく》に対《たい》して、「こうすれば良《よ》い」と指示《しじ》を出《だ》す。
5. 介護《かいご》は全面的《ぜんめんてき》に介護福祉職《かいごふくししょく》に任《まか》せてもらう。

【正解《せいかい》】❷

「利用者《りようしゃ》と家族双方《かぞくそうほう》の意見《いけん》を聞《き》く」という基本《きほん》を理解《りかい》していれば解《と》ける問題《もんだい》ですね。

そのとおりです。実際《じっさい》に話《はなし》を聞《き》く際《さい》には、話《はな》すきっかけをつくる、情報《じょうほう》を得《え》る、話《はなし》の内容《ないよう》や感情《かんじょう》を明確《めいかく》にするために適切《てきせつ》な**質問《しつもん》**を用《もち》いることなどが大切《たいせつ》です。質問《しつもん》の方法《ほうほう》についても学《まな》んでください。

わかりました。『ワークブック』等《とう》の参考書《さんこうしょ》を活用《かつよう》して勉強《べんきょう》します。

障害《しょうがい》の特性《とくせい》に応《おう》じたコミュニケーション1（視覚《しかく》、聴覚《ちょうかく》・言語障害《げんごしょうがい》）

利用者《りようしゃ》の中《なか》には視覚《しかく》や聴覚《ちょうかく》、言語《げんご》などに障害《しょうがい》があり、コミュニケーションに障害《しょうがい》が生《しょう》じている人《ひと》もいます。介護福祉職《かいごふくししょく》は**利用者《りようしゃ》の状況《じょうきょう》・状態《じょうたい》に応《おう》じたコミュニケーション技術《ぎじゅつ》**を身《み》につけることが求《もと》められます。

障害《しょうがい》に応《おう》じたコミュニケーションのポイントを教《おし》えてください。

POINT

【視覚障害《しかくしょうがい》のある人《ひと》とのコミュニケーションのポイント】

視覚以外《しかくいがい》の聴覚《ちょうかく》・触覚《しょっかく》・嗅覚《きゅうかく》を活用《かつよう》する、視覚情報《しかくじょうほう》は整理《せいり》して口頭《こうとう》で伝《つた》える、会《かい》話《わ》の区切《くぎ》りや終《お》わりがわかるように心《こころ》がける、など。

【聴覚障害《ちょうかくしょうがい》のある人《ひと》とのコミュニケーションのポイント】

本人《ほんにん》が理解《りかい》できるコミュニケーション手段《しゅだん》を把握《はあく》する、目《め》で見《み》てわかる伝達方《でんたつほう》法《ほう》（手話《しゅわ》、指文字《ゆびもじ》、読話《どくわ》、筆談《ひつだん》、空書《くうしょ》など）を用《もち》いる。

【構音障害《こうおんしょうがい》のある人《ひと》とのコミュニケーションのポイント】

ゆっくりと話《はなし》を聴《き》く姿勢《しせい》を持《も》つ。話《はなし》が聴《き》き取《と》れないときはわかったふりをしない。筆談《ひつだん》や五十音表《ごじゅうおんひょう》、閉《と》じられた質問《しつもん》を用《もち》いながら意思《いし》の確認《かくにん》をする。

【失語症《しつごしょう》のある人《ひと》とのコミュニケーションのポイント】

文節《ぶんせつ》を区切《くぎ》り利用者《りようしゃ》の理解《りかい》を確《たし》かめながら話《はな》す。理解《りかい》されにくいときには身振《みぶ》り、文字《もじ》、実物《じつぶつ》、絵《え》などを用《もち》いてみる。話《はな》すことを急《いそ》がせず、ゆっくり待《ま》つ姿勢《しせい》で関《かか》わる。言《い》い誤《あやま》りを指摘《してき》したり修正《しゅうせい》したりしない。

障害《しょうがい》によって、対応《たいおう》のしかたが変《か》わってくるのですね。

だからこそ、利用者《りようしゃ》それぞれのコミュニケーションに支障《ししょう》がある部分《ぶぶん》を把《は》握《あく》し、それに応《おう》じた対応《たいおう》をしていくことが求《もと》められるのです。では、実際《じっさい》に問題《もんだい》を見《み》て学《まな》びましょう。

第《だい》33回《かい》 - 問題《もんだい》32

運動性失語症《うんどうせいしつごしょう》(motor aphasia)のある人《ひと》とコミュニケーションを図《はか》るときの留意点《りゅういてん》として、最《もっと》も適切《てきせつ》なものを1つ選《えら》びなさい。

1. 絵《え》や写真《しゃしん》を使《つか》って反応《はんのう》を引《ひ》き出《だ》す。
2. 大《おお》きな声《こえ》で１音《おん》ずつ区切《くぎ》って話《はな》す。
3. 手話《しゅわ》を使《つか》うようにする。
4. 五十音表《ごじゅうおんひょう》でひらがなを指《さ》してもらう。
5. 閉《と》ざされた質問《しつもん》は控《ひか》える。

【正解《せいかい》】1

運動性失語症《うんどうせいしつごしょう》では、五十音表《ごじゅうおんひょう》の活用《かつよう》は効果《こうか》がないのですね。

運動性失語症《うんどうせいしつごしょう》のある人《ひと》は言《い》いたい言葉《ことば》が出《で》てこないことが多《おお》く、ひらがなをつないでいくことが困難《こんなん》になります。障害《しょうがい》の特性《とくせい》を理解《りかい》し、その人《ひと》にあったコミュニケーションを選択《せんたく》することが大切《たいせつ》です。
第《だい》36回《かい》では、事例《じれい》による出題《しゅつだい》がありました。

テキストや参考書《さんこうしょ》を活用《かつよう》して、障害《しょうがい》の種別《しゅべつ》ごとのコミュニケーション方法《ほうほう》を学《まな》びたいと思《おも》います。

障害《しょうがい》の特性《とくせい》に応《おう》じたコミュニケーション2(認知症《にんちしょう》、精神障害《せいしんしょうがい》)

次《つぎ》に、認知症《にんちしょう》や精神障害《せいしんしょうがい》のある人《ひと》に対《たい》するコミュニケーションについて学《まな》んでいきましょう。

認知症《にんちしょう》や精神障害《せいしんしょうがい》のある人《ひと》の事実《じじつ》とは違《ちが》う言動《げんどう》に対《たい》して、ついつい誤《あやま》りを指摘《してき》したり修正《しゅうせい》しようとして、怒《おこ》らせてしまうことがあります。

そのような行為《こうい》は**自尊心《じそんしん》を傷《きず》つけ、不安《ふあん》や混乱《こんらん》を招《まね》く**ことになるので、逆効果《ぎゃくこうか》になりますね。正《ただ》しいコミュニケーションのポイントは以《い》下《か》のとおりです。

POINT

【認知症《にんちしょう》のある人《ひと》とのコミュニケーションのポイント】

事実《じじつ》を説得《せっとく》するより、その人《ひと》の世界観《せかいかん》を受容《じゅよう》することが大切《たいせつ》である。
誤《あやま》りを指摘《してき》したり修正《しゅうせい》するのではなく、情緒的《じょうちょてき》に納得《なっとく》してもらえるよう働《はたら》きかける。

【統合失調症《とうごうしっちょうしょう》のある人《ひと》とのコミュニケーションのポイント】

現実離《げんじつばな》れして理解《りかい》できない言動《げんどう》や、幻覚《げんかく》・妄想《もうそう》などがみられたときは、中立的《ちゅうりつてき》な態度《たいど》で関《かか》わり、否定《ひてい》も肯定《こうてい》もしないことが大切《たいせつ》である。

【うつ状態《じょうたい》にある人《ひと》とのコミュニケーションのポイント】

安易《あんい》に励《はげ》ましたり、気分転換《きぶんてんかん》を強制《きょうせい》するより、安心《あんしん》できる環境《かんきょう》をつくり、受容的《じゅようてき》・共感的《きょうかんてき》な対応《たいおう》で支持的《しじてき》に関《かか》わることが大切《たいせつ》である。

ここでも受容的《じゅようてき》・共感的《きょうかんてき》に関《かか》わることが大切《たいせつ》なのですね。

そのとおりです。受容《じゅよう》・共感《きょうかん》はコミュニケーションのすべてに通《つう》じる最重《さいじゅう》要《よう》ポイントですね。それでは問題《もんだい》を見《み》てみましょう。

第《だい》31回《かい》‐問題《もんだい》32

Lさん(30歳《さい》、女性《じょせい》)は、パートタイムで仕事《しごと》をしながら、自宅《じたく》で母《はは》の介護《かいご》をしてきた。ある日《ひ》、母《はは》の訪問介護《ほうもんかいご》(ホームヘルプサービス)で訪《おとず》れたM訪問介護員《ほうもんかいごいん》(ホームヘルパー)に対《たい》して、Lさんは「寝《ね》ている間《あいだ》に頭《あたま》の中《なか》に機械《きかい》が埋《う》め込《こ》まれて、行動《こうどう》を監視《かんし》されている」と興奮《こうふん》気味《ぎみ》に訴《うった》えた。

このときのM訪問介護員《ほうもんかいごいん》(ホームヘルパー)の対応《たいおう》として、最《もっと》も適切《てきせつ》なものを1つ選《えら》びなさい。

1. それは現実《げんじつ》のことではないと説明《せつめい》する。
2. 気《き》にしなくてもよいと話《はなし》をそらす。
3. Lさんの訴《うった》えを肯定《こうてい》も否定《ひてい》もせずに聞《き》く。
4. 監視《かんし》されているのは間違《まちが》いないと肯定《こうてい》する。
5. Lさんの感情《かんじょう》に合《あ》わせて興奮気味《こうふんぎみ》に接《せっ》する。

【正解《せいかい》】③

否定《ひてい》だけでなく肯定《こうてい》もしないほうがよいのですね。

幻覚《げんかく》や妄想《もうそう》の内容《ないよう》が事実《じじつ》ではないと否定《ひてい》すると不安《ふあん》や不信感《ふしんかん》をもたせてしまいます。逆《ぎゃく》に肯定的《こうていてき》に関《かか》わると、幻覚《げんかく》や妄想《もうそう》の内容《ないよう》について**確信《かくしん》を強《つよ》めさせてしまう**おそれがあります。

しっかりと障害《しょうがい》の特性《とくせい》を理解《りかい》し、正《ただ》しい対応方法《たいおうほうほう》を学《まな》びたいと思《おも》います。

チームのコミュニケーション（介護《かいご》記録《きろく》）

介護《かいご》はチームで行《おこな》うものです。チームのコミュニケーションを円滑《えんかつ》にする方法《ほうほう》として**報告《ほうこく》・連絡《れんらく》・相談《そうだん》**、**会議《かいぎ》**などがありますが、ここでは国家《こっか》試験《しけん》にもよく出《で》る介護記録《かいごきろく》について学習《がくしゅう》しましょう。

毎日《まいにち》の**業務日誌《ぎょうむにっし》**から、**ヒヤリ・ハット報告書《ほうこくしょ》**や**事故報告書《じこほうこくしょ》**まで、介護現場《かいごげんば》では記録《きろく》を書《か》くことが多《おお》いです。

記録《きろく》にはチーム間《かん》で必要《ひつよう》な**情報《じょうほう》を共有《きょうゆう》**することをはじめとして、さまざまな目的《もくてき》があります。記録《きろく》の書《か》き方《かた》と留意点《りゅういてん》は次《つぎ》のとおりです。

POINT

【記録《きろく》の書《か》き方《かた》と留意点《りゅういてん》】

① 読《よ》みやすい字《じ》で書《か》く。

② 略語《りゃくご》は決《き》められた範囲《はんい》のものを使用《しよう》する。

③ 二重線《にじゅうせん》と訂正印《ていせいいん》で修正《しゅうせい》する。

④ 必《かなら》ず自分《じぶん》の署名《しょめい》を入《い》れる。

⑤ 5W1Hを意識《いしき》して書《か》く。

⑥ 具体的《ぐたいてき》な表現《ひょうげん》で記録《きろく》する。

⑦ 客観的事実《きゃっかんてきじじつ》（実際《じっさい》に観察《かんさつ》した出来事《できごと》）と主観的判断《しゅかんてきはんだん》（介護福祉職《かいごふくししょく》の解釈《かいしゃく》、意見《いけん》など）は区別《くべつ》して記録《きろく》する。

⑧ 出来事《できごと》の理由《りゆう》や背景《はいけい》を記録《きろく》する。

また、記録《きろく》は個人情報《こじんじょうほう》なので、しっかり管理《かんり》することが必要《ひつよう》です。最近《さいきん》ではICT（情報通信技術《じょうほうつうしんぎじゅつ》）を使《つか》うことが増《ふ》えましたが、情報漏洩《じょうほうろうえい》のリスクが高《たか》まるため、セキュリティ対策《たいさく》が重要《じゅうよう》となります。

それでは、問題《もんだい》を見《み》てみましょう。

第《だい》31回《かい》-問題《もんだい》33

叙述体《じょじゅつたい》を用《もち》いて介護記録《かいごきろく》を作成《さくせい》するときの留意点《りゅういてん》として、最《もっと》も適切《てきせつ》なものを1つ選《えら》びなさい。

1. 情報《じょうほう》を項目別《こうもくべつ》に整理《せいり》する。
2. 問題《もんだい》のポイントを明確《めいかく》にする。
3. 介護福祉職《かいごふくししょく》の解釈《かいしゃく》を記録《きろく》する。
4. 論点《ろんてん》を明確《めいかく》にする。
5. 利用者《りようしゃ》に起《お》こったことをそのまま記録《きろく》する。

【正解《せいかい》】⑤

正解《せいかい》の選択肢《せんたくし》以外《いがい》の①〜④の内容《ないよう》も介護記録《かいごきろく》で使《つか》われる文体《ぶんたい》ですので、おさえておく必要《ひつよう》があります。

わかりました。介護記録《かいごきろく》にはさまざまな文体《ぶんたい》があるんですね。過去問解説《かこもんかいせつ》集《しゅう》で勉強《べんきょう》したいと思《おも》います。

生活支援技術《せいかつしえんぎじゅつ》

『生活支援技術《せいかつしえんぎじゅつ》』は、①自立《じりつ》に向《む》けた安全《あんぜん》な介護《かいご》、②利用者《りようしゃ》の状《じょう》態《たい》・状況《じょうきょう》に応《おう》じた介護《かいご》、③家事《かじ》から出題《しゅつだい》されます。26問《もん》あります。受験生《じゅけんせい》の苦手意識《にがていしき》が少《すく》ない科目《かもく》です。7割以上《わりいじょう》の正解《せいかい》をめざしましょう！

ふだん、利用者《りようしゃ》の介護《かいご》をしているとき、「自立《じりつ》」と「安全《あんぜん》」に注意《ちゅうい》しているから、わりと頭《あたま》に入《はい》っているし、正解《せいかい》できるかな。

▶ 安全《あんぜん》な住《す》まい

私《わたし》も好《す》きな科目《かもく》です。高《たか》く得点《とくてん》するポイントは何《なん》ですか？

最近出題数《さいきんしゅつだいすう》が増《ふ》えている、**自立《じりつ》に向《む》けた基本《きほん》の介護《かいご》**から始《はじ》め、利《り》用者《ようしゃ》の状態《じょうたい》に応《おう》じた介護《かいご》まで学習《がくしゅう》していきましょう。

KEYWORD

【介護保険制度《かいごほけんせいど》の住宅改修《じゅうたくかいしゅう》】

① 手《て》すりの取《と》り付《つ》け(工事《こうじ》を伴《ともな》う手《て》すりの設置《せっち》)
② 段差《だんさ》の解消《かいしょう》
③ 床《ゆか》や通路面《つうろめん》の材料《ざいりょう》の変更《へんこう》
④ 扉《とびら》の取替《とりか》え(引《ひ》き戸《ど》から開《ひら》き戸等《どとう》への変更《へんこう》)
⑤ 便器《べんき》の取替《とりか》え(工事《こうじ》を伴《ともな》う便座《べんざ》の取替《とりか》え)
⑥ 上記《じょうき》①～⑤の付帯工事《ふたいこうじ》(壁《かべ》の下地補強《したじほきょう》など)

安全《あんぜん》な住《す》まいの問題《もんだい》は、**介護保険制度《かいごほけんせいど》の住宅改修《じゅうたくかいしゅう》**の項目《こうもく》から学《まな》びましょう。バリアフリーのトイレやお風呂《ふろ》、廊下《ろうか》には、立《た》ち上《あ》がるとき用《よう》の縦手《たてて》すり、移動《いどう》するとき用《よう》の横手《よこて》すりが取《と》り付《つ》けてありますね。

①～⑥の住宅改修《じゅうたくかいしゅう》は、移動《いどう》するときの事故《じこ》を予防《よぼう》するために必要《ひつよう》なのですね。

そうですね。住宅改修《じゅうたくかいしゅう》は、自立支援《じりつしえん》や介護負担《かいごふたん》の軽減《けいげん》にもつながります。

第《だい》32回《かい》-問題《もんだい》36

介護保険《かいごほけん》の給付対象《きゅうふたいしょう》となる住宅改修《じゅうたくかいしゅう》を利用《りよう》してトイレを改修《かいしゅう》するとき、介護福祉職《かいごふくししょく》が助言《じょげん》する内容《ないよう》として、正《ただ》しいものを1つ選《えら》びなさい。

1 開《ひら》き戸《ど》は、自動《じどう》ドアに変更《へんこう》できる。

2 和式便器《わしきべんき》の上《うえ》に、腰掛《こしか》け便座《べんざ》を設置《せっち》できる。

3 滑《すべ》りにくい床材《ゆかざい》に変更《へんこう》できる。

4 取《と》り外《はず》しが可能《かのう》な手《て》すりを設置《せっち》できる。

5 現在使用《げんざいしよう》している洋式便座《ようしきべんざ》に、洗浄機能《せんじょうきのう》を付加《ふか》できる。

【正解《せいかい》】❸

2は、ひっかけ問題《もんだい》かなと思《おも》いました。腰掛《こしか》け便座《べんざ》を上《うえ》に設置《せっち》するだけなので、間違《まちが》いですね。

そうですね。ほかにはバリアフリーやユニバーサルデザイン、転倒予防《てんとうよぼう》に関《かん》する出題《しゅつだい》が多《おお》いです。第《だい》33回《かい》では、高齢者《こうれいしゃ》のヒートショック（急激《きゅうげき》な温度変化《おんどへんか》で体調《たいちょう》が急変《きゅうへん》する事故《じこ》）の予防《よぼう》のための環境整備《かんきょうせいび》について出題《しゅつだい》されました。

口腔《こうくう》ケア

身《み》じたくの介護《かいご》では、「**口腔《こうくう》ケア**」についてよく出題《しゅつだい》されます。**安全《あんぜん》な食事《しょくじ》や、誤嚥性肺炎《ごえんせいはいえん》の予防《よぼう》**のために重要《じゅうよう》なケアだからです。

食事《しょくじ》の前《まえ》に、「嚥下体操《えんげたいそう》」をしている利用者《りようしゃ》さんがいますが、これも口腔《こうくう》ケアですか？

そのとおりです。口腔《こうくう》ケアには、2つの目的《もくてき》があります。

口腔《こうくう》ケアの目的《もくてき》

①口腔《こうくう》リハビリテーション	②口腔清掃《こうくうせいそう》
嚥下機能《えんげきのう》の向上《こうじょう》。食前《しょくぜん》に実施《じっし》	口腔内《こうくうない》の衛生保持《えいせいほじ》。食後《しょくご》に実施《じっし》
・唾液腺《だえきせん》マッサージ	・うがい
・嚥下体操《えんげたいそう》	・口腔《こうくう》の清拭《せいしき》
・アイスマッサージ	・義歯《ぎし》の清掃《せいそう》
	・歯磨《はみが》き

義歯《ぎし》を使用《しよう》している人《ひと》は、毎食後《まいしょくご》の口腔《こうくう》ケア時《じ》に毎回外《まいかいはず》して清掃《せいそう》してください。安全《あんぜん》な方法《ほうほう》を覚《おぼ》えましょう。

POINT

【義歯《ぎし》の種類《しゅるい》】

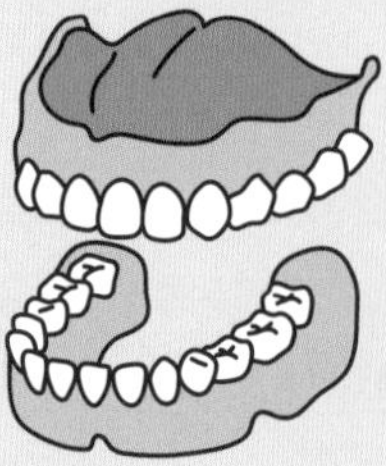

下《した》から外《はず》して、
上《うえ》から装着《そうちゃく》する

総入《そうい》れ歯《ば》
(総義歯《そうぎし》)

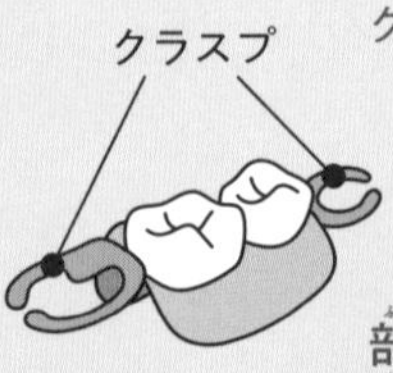

クラスプを持《も》って外《はず》す

部分入《ぶぶんい》れ歯《ば》
(部分床義歯《ぶぶんしょうぎし》)

2つの目的《もくてき》があるんですね。口腔清掃《こうくうせいそう》では、どう介助《かいじょ》すればよいですか？

汚《よご》れを残《のこ》さないように、**細《こま》かくていねいに、歯《は》や歯肉《しにく》を傷《きず》つけないように**清掃《せいそう》します。誤嚥《ごえん》しないよう頸部《けいぶ》の角度《かくど》に注意《ちゅうい》しましょう（P150、151）。

義歯《ぎし》を外《はず》す ➡ うがい ➡
・義歯《ぎし》の清掃《せいそう》　（専用《せんよう》のブラシで）
・歯《は》のブラッシング（小刻《こきざ》みに）
・口腔《こうくう》の清拭《せいしき》　（奥《おく》から手前《てまえ》へ）

第《だい》35回《かい》‐問題《もんだい》84

総義歯《そうぎし》の取扱《とりあつか》いに関《かん》する次《つぎ》の記述《きじゅつ》のうち、最《もっと》も適切《てきせつ》なものを１つ選《えら》びなさい。

1. 上顎《じょうがく》から先《さき》に外《はず》す。
2. 毎食後《まいしょくご》に洗《あら》う。
3. スポンジブラシで洗《あら》う。
4. 熱湯《ねっとう》につけてから洗《あら》う。
5. 乾燥《かんそう》させて保管《ほかん》する。

【正解《せいかい》】❷

口腔《こうくう》ケアは、細《こま》かい方法《ほうほう》まで出題《しゅつだい》されていますね。

そうですね。細菌数《さいきんすう》を減《へ》らして、誤嚥性肺炎《ごえんせいはいえん》を予防《よぼう》することが大切《たいせつ》なため、**細《こま》かい方法《ほうほう》が出題《しゅつだい》されます**。口腔《こうくう》ケアの問題《もんだい》は、近年続《きんねんつづ》けて出題《しゅつだい》がありました。

着脱《ちゃくだつ》の介護《かいご》

衣服《いふく》を着替《きが》えることは、皮膚《ひふ》の清潔《せいけつ》を保《たも》つことにつながり、**人間関係《にんげんかんけい》にもよい影響《えいきょう》**があります。
まず、**自立支援《じりつしえん》**のための着脱《ちゃくだつ》の手順《てじゅん》として、「**脱健着患《だっけんちゃっかん》**」があります。
動《うご》かしやすい健側《けんそく》から脱《ぬ》ぎ、動《うご》かしにくい患側《かんそく》から着《き》ることです。

「脱健着患《だっけんちゃっかん》」は、片麻痺《かたまひ》のある利用者《りようしゃ》の着脱《ちゃくだつ》の介助《かいじょ》をするとき、いちばん初《はじ》めに先輩職員《せんぱいしょくいん》から教《おし》えてもらいました。

最《もっと》も基本《きほん》の技術《ぎじゅつ》ですね。健側《けんそく》の腕《うで》を脱《ぬ》ぐときは、**患側《かんそく》の肩《かた》を外《はず》す**と楽《らく》にできます。患側《かんそく》の腕《うで》はけがをしやすいので、つかまずに下《した》から支《ささ》えましょう。

わかりました！

高次脳機能障害《こうじのうきのうしょうがい》の人《ひと》の着脱《ちゃくだつ》についても覚《おぼ》えましょう。
「**遂行機能障害《すいこうきのうしょうがい》**」で、**着替《きが》えの手順《てじゅん》**がわからなくなる人《ひと》や、「**着衣失行《ちゃくいしっこう》**」で体《からだ》と衣服《いふく》の空間《くうかん》が理解《りかい》しにくく着方《きかた》がわからない人《ひと》がいます。

KEYWORD

【高次脳機能障害《こうじのうきのうしょうがい》】

事故《じこ》や疾病《しっぺい》の発症《はっしょう》などによって、大脳《だいのう》の機能《きのう》に障害《しょうがい》が起《お》こり、記憶障害《きおくしょうがい》、注意障害《ちゅういしょうがい》、遂行機能障害《すいこうきのうしょうがい》、失語《しつご》、失認《しつにん》、失行《しっこう》、社会的行動障害《しゃかいてきこうどうしょうがい》などの認知機能《にんちきのう》の障害《しょうがい》が起《お》きることで、日常生活《にちじょうせいかつ》や社会生活《しゃかいせいかつ》に制限《せいげん》が出《で》る状態《じょうたい》のこと。

「着衣失行《ちゃくいしっこう》」で、洋服《ようふく》の前《まえ》と後《うし》ろを間違《まちが》える人《ひと》の場合《ばあい》は、どう支援《しえん》したらいいと思《おも》いますか？

洋服《ようふく》の後《うし》ろえりに、リボンなどの印《しるし》をつけたらどうでしょう？

よいアイデアですね。服《ふく》に印《しるし》をつけたり、介護者《かいごしゃ》の動作《どうさ》をまねてもらったりして、苦手《にがて》なところを支援《しえん》しましょう。では問題《もんだい》を見《み》てみましょう。

第《だい》35回《かい》 - 問題《もんだい》86

左片麻痺《ひだりかたまひ》の利用者《りようしゃ》が、前開《まえびら》きの上着《うわぎ》をベッド上《じょう》で臥床《がしょう》したまま交換《こうかん》するときの介護《かいご》の基本《きほん》に関《かん》する次《つぎ》の記述《きじゅつ》のうち、最《もっと》も適切《てきせつ》なものを1つ選《えら》びなさい。

1. 介護福祉職《かいごふくししょく》は利用者《りようしゃ》の左側《ひだりがわ》に立《た》つ。
2. 新《あたら》しい上着《うわぎ》は利用者《りようしゃ》の右側《みぎがわ》に置《お》く。
3. 脱《ぬ》ぐときは、着《き》ている上着《うわぎ》の左上肢《ひだりじょうし》の肩口《かたぐち》を広《ひろ》げておく。
4. 左側《ひだりがわ》の袖《そで》を脱《ぬ》ぎ、脱《ぬ》いだ上着《うわぎ》は丸《まる》めて、からだの下《した》に入《い》れる。
5. 利用者《りようしゃ》を左側臥位《ひだりそくがい》にし、脱《ぬ》いだ上着《うわぎ》を引《ひ》き出《だ》す。

【正解《せいかい》】③

事例《じれい》に左《ひだり》と右《みぎ》が出《で》てくるので脱健着患《だっけんちゃっかん》に注意《ちゅうい》して解《と》きました。

事例《じれい》の問題《もんだい》は増《ふ》えています。片麻痺《かたまひ》の人《ひと》の介護《かいご》を基本《きほん》として覚《おぼ》え、次《つぎ》に障害《しょうがい》の状態《じょうたい》にあわせた着脱介護《ちゃくだつかいご》のポイントを理解《りかい》する必要《ひつよう》があります。

▶車《くるま》いすの介護《かいご》

車《くるま》いすの問題《もんだい》は、かなりの頻度《ひんど》で出題《しゅつだい》されています。歩《ある》くことが困難《こんなん》な人《ひと》に、欠《か》かせない技術《ぎじゅつ》だからです。

車《くるま》いすの移動《いどう》の問題《もんだい》だと、**段差《だんさ》の乗《の》り越《こ》え方《かた》**はありそう。車《くるま》いすの**ティッピングレバー**を踏《ふ》んで、キャスタ（前輪《ぜんりん》）を上《あ》げて乗《の》り越《こ》える方法《ほうほう》が出《で》そうですね。

そうですね。まず、坂道《さかみち》を上《のぼ》ったり、下《くだ》ったりなどの基本的《きほんてき》な操作《そうさ》を覚《おぼ》えましょう。もう1つ重要《じゅうよう》なのは、移乗《いじょう》の方法《ほうほう》です。

片麻痺《かたまひ》の人《ひと》の車《くるま》いすへの移乗《いじょう》の方法《ほうほう》を教《おし》えてください。

POINT

【ベッド上《じょう》の端座位《たんざい》から車《くるま》いすへの移乗《いじょう》】

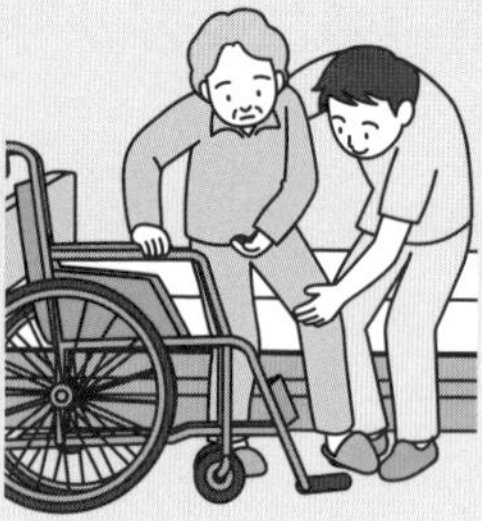

車《くるま》いすを利用者《りようしゃ》の健側《けんそく》に設置《せっち》する。

① 健側《けんそく》の手《て》で、遠《とお》い方《ほう》のアームサポートを握《にぎ》る。

② 殿部《でんぶ》を前《まえ》に引《ひ》き出《だ》し、浅《あさ》く座《すわ》る。

③ 軽《かる》く足《あし》を後《うし》ろに引《ひ》く。

④ （介護者《かいごしゃ》は）患側《かんそく》の膝《ひざ》を押《お》さえる。

⑤ 前傾《ぜんけい》の姿勢《しせい》で、健側《けんそく》の手足《てあし》に力《ちから》を入《い》れて立《た》ち上《あ》がり、回転《かいてん》して座《すわ》る。

⑥ 深《ふか》く座《すわ》り、フットサポートに足《あし》を乗《の》せる。

自立支援《じりつしえん》のためには、**健側《けんそく》の手足《てあし》を活用《かつよう》**し、**健側《けんそく》に移動《いどう》します**。**足《あし》を引《ひ》き**前傾姿勢《ぜんけいしせい》になるのは、立《た》ち上《あ》がりやすくするためです。一方介護者《いっぽうかいごしゃ》は、重心《じゅうしん》を低《ひく》く安定《あんてい》させ、つま先《さき》を動《うご》く方向《ほうこう》に向《む》け、ボディメカニクス（P148、149）を活用《かつよう》して介助《かいじょ》します。

第《だい》31回《かい》 - 問題《もんだい》41

選択肢《せんたくし》1から5の順《じゅん》で、ベッドから車《くるま》いすへ全介助《ぜんかいじょ》で移乗《いじょう》するときの、利用者《りようしゃ》の動作《どうさ》と、介護福祉職《かいごふくししょく》の身体《しんたい》の使《つか》い方《かた》の組合《くみあわ》せとして、最《もっと》も適切《てきせつ》なものを1つ選《えら》びなさい。

1. 上半身《じょうはんしん》を起《お》こす―手首《てくび》で持《も》ち上《あ》げる
2. ベッドの端《はし》に座《すわ》る―踵《かかと》を浮《う》かせて、低《ひく》くかがむ
3. 立《た》ち上《あ》がる―前腕《ぜんわん》で真上《まうえ》に引《ひ》き上《あ》げる
4. 車《くるま》いすに移《うつ》る―重心《じゅうしん》を安定《あんてい》させて、車《くるま》いすへ足先《あしさき》と身体《しんたい》を向《む》ける
5. 深《ふか》く座《すわ》り直《なお》す―座《すわ》り直《なお》す方向《ほうこう》に向《む》けて、上下《じょうげ》の重心移動《じゅうしんいどう》をする

【正解《せいかい》】④

自然《しぜん》にやっている移乗《いじょう》の介護《かいご》を言葉《ことば》にする感《かん》じですね。

このほかによく出《で》る、移動《いどう》に関《かん》する問題《もんだい》のテーマを教《おし》えてください。

第《だい》36回《かい》では、「立位《りつい》」の介護《かいご》で、**患側《かんそく》の膝《ひざ》を押《お》さえる**技術《ぎじゅつ》が出《で》ました。**「歩行《ほこう》」の介護《かいご》**もよく出《で》ます。「片麻痺《かたまひ》の人《ひと》の杖歩行《つえほこう》（三点歩行《さんてんほこう》）の方法《ほうほう》」と「視覚障害者《しかくしょうがいしゃ》の誘導《ゆうどう》」も学習《がくしゅう》しておきましょう。

安楽《あんらく》な姿勢《しせい》、ボディメカニクス

「**安楽《あんらく》な姿勢《しせい》**」は、人《ひと》の活動《かつどう》と休息《きゅうそく》の両方《りょうほう》をサポートします。「**側臥位《そくがい》**（横向《よこむ》きで寝《ね》る姿勢《しせい》）**の介助《かいじょ》**」、「**立位《りつい》の介助《かいじょ》**」が、多《おお》く出題《しゅつだい》されています。側臥位《そくがい》では、患側《かんそく》を下《した》に向《む》けないようにします。
また、次《つぎ》の体位《たいい》も覚《おぼ》えておきましょう。

半座位《はんざい》（ファーラー位《い》）	起座位《きざい》
ベッド上《じょう》で食事《しょくじ》を介助《かいじょ》するときの姿勢《しせい》。	呼吸《こきゅう》が苦《くる》しいときに楽《らく》になる姿勢《しせい》。

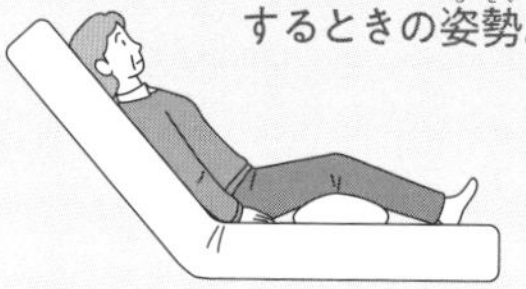

どんなことに注意《ちゅうい》して介助《かいじょ》をすればよいのでしょうか？

ボディメカニクスの原則《げんそく》を活用《かつよう》することが大切《たいせつ》です。

POINT

【ボディメカニクスの原則《げんそく》】

①支持基底面積《しじきていめんせき》を広《ひろ》くとる。
②重心《じゅうしん》を低《ひく》くする。
③互《たが》いの重心《じゅうしん》を近《ちか》づける。
④大《おお》きな筋群《きんぐん》を使《つか》う。
⑤水平《すいへい》に移動《いどう》する。
⑥からだを小《ちい》さくまとめる。
⑦手前《てまえ》に引《ひ》く。
⑧介護者《かいごしゃ》の重心《じゅうしん》を移動《いどう》する。
⑨足《あし》を動《うご》く方向《ほうこう》に向《む》ける。
⑩てこの原理《げんり》を応用《おうよう》する。

ボディメカニクスの原則《げんそく》を活用《かつよう》すると、利用者《りようしゃ》の自立《じりつ》を支援《しえん》でき、介護者《かいごしゃ》の負担《ふたん》も少《すく》なくなります。では「仰臥位《ぎょうがい》（背臥位《はいがい》）から側臥位《そくがい》への介助《かいじょ》」では、どんなボディメカニクスを使《つか》うと思《おも》いますか？

腕《うで》を組《く》んで膝《ひざ》を曲《ま》げて、**からだを小《ちい》さく**まとめます。
遠《とお》いほうの肩《かた》と膝《ひざ》に手《て》を当《あ》てて、手前《てまえ》にからだを回転《かいてん》させます。

そのとおりです。このときの回転運動《かいてんうんどう》をトルクの原理《げんり》といいます。では問題《もんだい》を見てみましょう。

第《だい》33回《かい》 - 問題《もんだい》40

介護福祉職《かいごふくししょく》が利用者《りようしゃ》を仰臥位《ぎょうがい》（背臥位《はいがい》）から側臥位《そくがい》へ体位変換《たいいへんかん》するとき、図《ず》に示《しめ》された力点《りきてん》の部位《ぶい》として、適切《てきせつ》なものを1つ選《えら》びなさい。

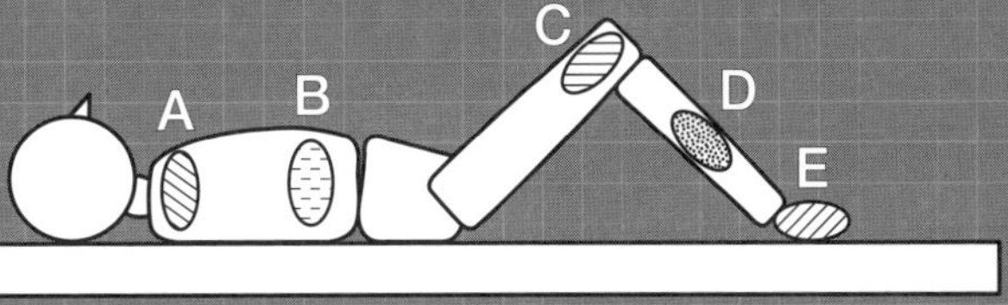

① AとC

② AとD

③ BとC

④ BとD

⑤ BとE

【正解《せいかい》】❶

基本的《きほんてき》な問題《もんだい》で安心《あんしん》しました。

姿勢《しせい》やボディメカニクスに関《かん》する問題《もんだい》は、毎年《まいとし》1問程度《もんていど》出題《しゅつだい》されています。

▶食事《しょくじ》の介護《かいご》

高齢者《こうれいしゃ》や障害者《しょうがいしゃ》は、**嚥下機能《えんげきのう》(飲《の》み込《こ》む力《ちから》)**が低下《ていか》するため、安全《あんぜん》に食事《しょくじ》をすることはとても難《むずか》しくなります。

安全《あんぜん》に食事《しょくじ》をしていただくには、どうしたらよいですか？

食事前《しょくじまえ》、食事中《しょくじちゅう》、食事後《しょくじご》に分《わ》けて、**安全《あんぜん》に介助《かいじょ》するポイント**をおさえましょう。

食事前《しょくじまえ》	食事中《しょくじちゅう》	食事後《しょくじご》
・姿勢《しせい》を整《ととの》える。 (下《した》のイラスト参照《さんしょう》) ・嚥下機能《えんげきのう》の低下《ていか》した人《ひと》は嚥下体操《えんげたいそう》などを行《おこな》う。	・介護者《かいごしゃ》は健側《けんそく》に座《すわ》る。 ・水分《すいぶん》から摂取《せっしゅ》する。 ・介護者《かいごしゃ》は、一口《ひとくち》ずつ、飲《の》み込《こ》んだか確認《かくにん》する。 ・患側《かんそく》の口腔内《こうくうない》に食事《しょくじ》がたまっていないか観察《かんさつ》する。	・食事量《しょくじりょう》・水分量《すいぶんりょう》を観察《かんさつ》し、記録《きろく》する。 ・口腔《こうくう》ケアを行《おこな》う。 ・逆流《ぎゃくりゅう》を防《ふせ》ぐため、食後《しょくご》30分《ぷん》くらい、座位《ざい》を保《たも》つ。

POINT

【安全《あんぜん》な食事《しょくじ》の姿勢《しせい》】 ※座位《ざい》の保持《ほじ》ができる人《ひと》

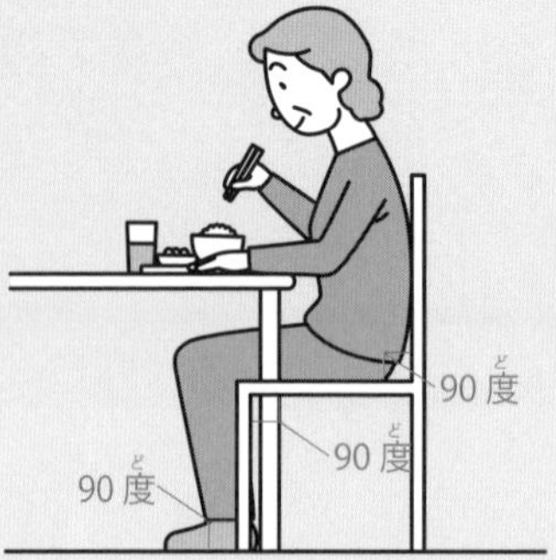

患側《かんそく》の腕《うで》をテーブルに置《お》いて、安定《あんてい》させる。車《くるま》いすの人《ひと》は、フットサポートから足《あし》を下《お》ろして床《ゆか》につけ、安定《あんてい》させる。

少《すこ》し顎《あご》を引《ひ》く（頸部前屈《けいぶぜんくつ》）ようにして、いすに深《ふか》く座《すわ》ることで、安全《あんぜん》に嚥下《えんげ》がしやすくなるのですね。

そのとおりです。頸部《けいぶ》が上向《うわむ》き（頸部後屈《けいぶこうくつ》）で嚥下《えんげ》をしようとすると、誤嚥《ごえん》（気管《きかん》に食《た》べ物《もの》が入《はい》る）の危険性《きけんせい》が高《たか》くなります。では、問題《もんだい》を見《み》ていきましょう。

一問一答《いちもんいっとう》（○×チェック）

<右片麻痺《みぎかたまひ》で、座位姿勢《ざいしせい》の人《ひと》の食事《しょくじ》の介護《かいご》>

① 口《くち》の右側《みぎがわ》に食物《しょくもつ》を入《い》れる。　第《だい》31回《かい》-問題《もんだい》45【×】

② 片麻痺《かたまひ》があるときは、患側《かんそく》の上肢《じょうし》を膝《ひざ》の上《うえ》にのせる。　第《だい》35回《かい》-問題《もんだい》88【×】

<嚥下機能《えんげきのう》が低下《ていか》した人《ひと》の食事《しょくじ》の介護《かいご》>

① 食前《しょくぜん》に嚥下体操《えんげたいそう》を勧《すす》める。　第《だい》33回《かい》-問題《もんだい》43【○】

② 食事《しょくじ》のときは、いすに浅《あさ》く座《すわ》るように勧《すす》める。　第《だい》34回《かい》－問題《もんだい》44【×】

③ おかずを細《こま》かく刻《きざ》むように勧《すす》める。　第《だい》34回《かい》－問題《もんだい》44【×】

<左半側空間無視《ひだりはんそくくうかんむし》の人《ひと》の食事《しょくじ》の介護《かいご》>

① 利用者《りようしゃ》の左側《ひだりがわ》にトレーを置《お》く。　第《だい》32回《かい》-問題《もんだい》47【×】

② 食《た》べる様子《ようす》を観察《かんさつ》して適宜《てきぎ》食器《しょっき》の位置《いち》を変《か》える。　第《だい》32回《かい》-問題《もんだい》47【○】

左半側空間無視《ひだりはんそくくうかんむし》の人《ひと》は、左側《ひだりがわ》の認識《にんしき》が難《むずか》しい人《ひと》ですね。なぜ、嚥下機能《えんげきのう》が低下《ていか》した人《ひと》には、刻《きざ》み食《しょく》は危険《きけん》なのでしょうか？

刻《きざ》み食《しょく》は、口《くち》の中《なか》でバラバラになるため飲《の》み込《こ》みづらいのです。咀嚼《そしゃく》が難《むずか》しい人《ひと》のための食事《しょくじ》です。誤嚥《ごえん》しやすい食《た》べ物《もの》も学習《がくしゅう》しておきましょう。

食事《しょくじ》と栄養《えいよう》

食事《しょくじ》と栄養《えいよう》では、**高齢者《こうれいしゃ》の食事《しょくじ》**の問題《もんだい》を理解《りかい》しましょう。高齢者《こうれいしゃ》は、食事量《しょくじりょう》が低下《ていか》して、筋力量《きんりょくりょう》の低下《ていか》や歩行障害《ほこうしょうがい》が起《お》こることがあります。

高齢者《こうれいしゃ》になると、歯《は》や内臓《ないぞう》の問題《もんだい》などから、しっかり食事《しょくじ》をすることが難《むずか》しくなりますね。**便秘《べんぴ》**の問題《もんだい》も多《おお》いと思《おも》います。

高齢者《こうれいしゃ》は便秘《べんぴ》になりやすいです。対応《たいおう》として、**食物繊維《しょくもつせんい》**を多《おお》く含《ふく》む食品《しょくひん》や、**乳製品《にゅうせいひん》**の摂取《せっしゅ》をすると効果的《こうかてき》です。また、起床後《きしょうご》に冷水《れいすい》を飲《の》むと、結腸反射《けっちょうはんしゃ》を促《うなが》してトイレでの排便《はいべん》につながりやすくなります。

病気《びょうき》のある人《ひと》の食事《しょくじ》で気《き》を付《つ》けることはありますか？

もちろんあります。病気《びょうき》ごとに違《ちが》うポイントがあるので、生活習慣病《せいかつしゅうかんびょう》などの病気《びょうき》と栄養管理《えいようかんり》のポイントを少《すこ》しみていきましょう。

POINT

【病気《びょうき》と栄養管理《えいようかんり》】

糖尿病《とうにょうびょう》	① 栄養《えいよう》バランスのとれた食事《しょくじ》にする。 ② エネルギーや、塩分《えんぶん》・糖分《とうぶん》のとりすぎに注意《ちゅうい》。
骨粗鬆症《こつそしょうしょう》	① カルシウム、動物性《どうぶつせい》たんぱく質《しつ》、ビタミンC・D・Kを多《おお》くとる。 ② リン(加工食品《かこうしょくひん》など)のとりすぎに注意《ちゅうい》する。
腎臓病《じんぞうびょう》	① 糖質《とうしつ》と脂質《ししつ》を多《おお》くとる。 ② たんぱく質《しつ》、塩分《えんぶん》、カリウム、リンの制限《せいげん》がある。 ③ 水分量《すいぶんりょう》は、尿量《にょうりょう》や透析《とうせき》による除水量《じょすいりょう》に応《おう》じた制限《せいげん》がある。

いろんな栄養管理《えいようかんり》のポイントがありますね。カリウムは生野菜《なまやさい》に多《おお》いと聞《き》きました。

そうですね。カリウムは、生鮮食品《せいせんしょくひん》に多《おお》く含《ふく》まれています。生野菜《なまやさい》のカリウムは、水溶性《すいようせい》なのでゆでると減少《げんしょう》します。
食事《しょくじ》の制限《せいげん》のある人《ひと》は辛《つら》いと思《おも》います。食事《しょくじ》を楽《たの》しめるように調理《ちょうり》の工夫《くふう》をすることも大切《たいせつ》です。

第《だい》34回《かい》 - 問題《もんだい》45

慢性腎不全《まんせいじんふぜん》(chronic renal failure)の利用者《りようしゃ》の食材《しょくざい》や調理方法《ちょうりほうほう》として、最《もっと》も適切《てきせつ》なものを 1 つ選《えら》びなさい。

1. エネルギーの高《たか》い植物油《しょくぶつゆ》を控《ひか》える。
2. レモンや香辛料《こうしんりょう》を利用《りよう》し、塩分《えんぶん》を控《ひか》えた味付《あじつ》けにする。
3. 肉《にく》や魚《さかな》を多《おお》めにする。
4. 砂糖《さとう》を控《ひか》えた味付《あじつ》けにする。
5. 野菜《やさい》は生《なま》でサラダにする。

【正解《せいかい》】❷

高齢者《こうれいしゃ》に配慮《はいりょ》した食事《しょくじ》の問題《もんだい》は、第《だい》31回《かい》、第《だい》32回《かい》、第《だい》36回《かい》でも出題《しゅつだい》されました。そして、生活習慣病《せいかつしゅうかんびょう》などの高齢者《こうれいしゃ》に多《おお》い病気《びょうき》に応《おう》じた食事《しょくじ》の問題《もんだい》は、近年毎年《きんねんまいとし》のように出題《しゅつだい》されています。
疾病《しっぺい》の学習《がくしゅう》と一緒《いっしょ》に、食事《しょくじ》の制限《せいげん》についても学《まな》んでおきましょう。

入浴《にゅうよく》・清潔保持《せいけつほじ》の介護《かいご》

入浴《にゅうよく》・清潔保持《せいけつほじ》の介護《かいご》では、毎年違《まいとしちが》う種類《しゅるい》の支援方法《しえんほうほう》が出題《しゅつだい》されます。湯《ゆ》を使用《しよう》し、心身《しんしん》に負担《ふたん》のかかる介護《かいご》でもあるため、安全《あんぜん》で、衛生《えいせい》を保《たも》つような支援方法《しえんほうほう》を学習《がくしゅう》することが求《もと》められます。

入浴《にゅうよく》・清潔保持《せいけつほじ》の種類《しゅるい》

- 入浴《にゅうよく》（一般浴《いっぱんよく》・特殊浴《とくしゅよく》）
- 全身清拭《ぜんしんせいしき》
- 部分清拭《ぶぶんせいしき》
- 部分浴《ぶぶんよく》（手浴《しゅよく》・足浴《そくよく》）
- ベッド上《じょう》の洗髪《せんぱつ》（洗髪器《せんぱつき》・ケリーパッドを使用《しよう》）

いろいろな種類《しゅるい》の支援方法《しえんほうほう》がありますね。

入浴《にゅうよく》の介護《かいご》では湯《ゆ》を使《つか》うので、**やけどを防《ふせ》ぐ**必要《ひつよう》があります。
湯《ゆ》の温度《おんど》は、**介護者《かいごしゃ》→利用者《りようしゃ》（健側《けんそく》）**の順《じゅん》に確認《かくにん》します。
温度《おんど》を確認《かくにん》したら、**心臓《しんぞう》から遠《とお》いところから**、湯《ゆ》をかけます。心臓《しんぞう》に負担《ふたん》をかけないためです。

KEYWORD

【清拭《せいしき》、洗髪《せんぱつ》】

●顔《かお》の清拭《せいしき》

●ベッド上《じょう》の洗髪《せんぱつ》（ケリーパッド）

全身清拭《ぜんしんせいしき》の方法《ほうほう》が知《し》りたいです。利用者《りようしゃ》が体調《たいちょう》を崩《くず》してお風呂《ふろ》に入《はい》れないときに、どのようにからだを拭《ふ》くときれいになりますか？

血行《けっこう》を促進《そくしん》するために、**末梢《まっしょう》**（心臓《しんぞう》から遠《とお》く）→**中枢《ちゅうすう》**（心臓《しんぞう》から近《ちか》く）の方向《ほうこう》で清拭《せいしき》します。清拭後《せいしきご》は、すぐにタオルで水分《すいぶん》を取《と》り、保温《ほおん》します。目《め》は、感染症予防《かんせんしょうよぼう》のために、**目頭《めがしら》→目尻《めじり》**の方向《ほうこう》に拭《ふ》きます。腹部《ふくぶ》は腸《ちょう》の運動《うんどう》を促進《そくしん》するために、**腸《ちょう》の走行《そうこう》にそって**※拭《ふ》きます。では、問題《もんだい》を見《み》てみましょう。

※腹部《ふくぶ》を拭《ふ》く方向《ほうこう》（「上行結腸《じょうこうけっちょう》」→「横行結腸《おうこうけっちょう》」→「下行結腸《かこうけっちょう》」）。

第《だい》32回《かい》 - 問題《もんだい》48

清拭《せいしき》の介護《かいご》として、最《もっと》も適切《てきせつ》なものを1つ選《えら》びなさい。

1. 目《め》のまわりは目尻《めじり》から目頭《めがしら》に向《む》かって拭《ふ》く。
2. 背部《はいぶ》は患側《かんそく》を下《した》にして拭《ふ》く。
3. 腹部《ふくぶ》は、臍部《さいぶ》から恥骨部《ちこつぶ》に向《む》かって拭《ふ》く。
4. 両下肢《りょうかし》は末梢《まっしょう》から中枢《ちゅうすう》に向《む》かって拭《ふ》く。
5. 皮膚《ひふ》についた水分《すいぶん》は、最後《さいご》にまとめて拭《ふ》く。

【正解《せいかい》】④

支援《しえん》ごとに理由《りゆう》（根拠《こんきょ》）があるのですね。それがわかっていると解《と》きやすいと思《おも》いました。

そうですね。根拠《こんきょ》から学習《がくしゅう》しましょう。ほかにもいろいろな支援《しえん》があります。第《だい》36回《かい》では、浴槽《よくそう》の入《はい》り方《かた》や足浴《そくよく》の姿勢《しせい》の問題《もんだい》が出題《しゅつだい》されました。

排泄《はいせつ》の介護《かいご》

排泄《はいせつ》は、人《ひと》に見《み》られたくないプライベートな行為《こうい》です。**排泄《はいせつ》の介護《かいご》**は、羞恥心《しゅうちしん》に配慮《はいりょ》して、**利用者《りようしゃ》の尊厳《そんげん》を保持《ほじ》して行《おこな》う**ことが大切《たいせつ》です。
また排泄《はいせつ》は、健康《けんこう》を維持《いじ》するうえで重要《じゅうよう》な行為《こうい》です。
利用者《りようしゃ》に合《あ》った方法《ほうほう》で、できるだけ自立《じりつ》した排泄《はいせつ》ができるように介護《かいご》をしましょう。

排泄《はいせつ》の介護方法《かいごほうほう》には、どんな種類《しゅるい》がありますか？

トイレ、ポータブルトイレ、尿器《にょうき》、便器《べんき》、おむつの介助《かいじょ》などがあります。
どんな人《ひと》がトイレやポータブルトイレを使用《しよう》するか、わかりますか？

トイレはトイレまで移動《いどう》することができて、立位《りつい》が保《たも》てる人《ひと》。ポータブルトイレは、座位保持《ざいほじ》ができる人《ひと》です。

そのとおりです。自立度《じりつど》に合《あ》わせて排泄方法《はいせつほうほう》は変《か》わります。
また、排泄《はいせつ》の状態《じょうたい》や障害《しょうがい》によっても、排泄《はいせつ》の介護方法《かいごほうほう》が変《か》わります。

POINT

【排泄《はいせつ》の介護《かいご》の留意点《りゅういてん》】

① 利用者《りようしゃ》の尊厳《そんげん》を守《まも》り、安心《あんしん》して排泄《はいせつ》できる環境《かんきょう》を整《ととの》える。
② できるだけトイレで排泄《はいせつ》できるように介助《かいじょ》する。
③ 利用者《りようしゃ》の心身《しんしん》の機能《きのう》と、福祉用具《ふくしようぐ》を活用《かつよう》する。
④ 脱《ぬ》ぎ着《き》が簡単《かんたん》にできる衣類《いるい》を選択《せんたく》する。
⑤ 利用者《りようしゃ》の疾患《しっかん》や、障害《しょうがい》に応《おう》じた、適切《てきせつ》な介助方法《かいじょほうほう》を選択《せんたく》する。

便秘《べんぴ》の利用者《りようしゃ》は多《おお》いです。適度《てきど》に運動《うんどう》し、食事《しょくじ》や水分《すいぶん》の摂取《せっしゅ》に気《き》をつけています。朝食後《ちょうしょくご》にゆっくりトイレに座《すわ》ってもらい、腹部《ふくぶ》を腸《ちょう》の走行《そうこう》にそって(のの字《じ》を書《か》くように)マッサージして、排便《はいべん》を促《うなが》しています。

健康《けんこう》のために、排便《はいべん》のリズムを整《ととの》えることも、介護《かいご》の大切《たいせつ》な仕事《しごと》ですね。過去問題《かこもんだい》を見《み》ながら、いろいろな介護方法《かいごほうほう》を学《まな》んでいきましょう。

一問一答《いちもんいっとう》(○×チェック)

〈差《さ》し込《こ》み便器《べんき》〉

❶ 便器《べんき》の位置《いち》を確認《かくにん》したらベッドを水平《すいへい》にする。
第《だい》31回《かい》-問題《もんだい》50【×】

〈女性《じょせい》のおむつ交換《こうかん》の際《さい》の陰部洗浄《いんぶせんじょう》〉

❶ 尿道口《にょうどうこう》から洗《あら》い、最後《さいご》に肛門部《こうもんぶ》を洗《あら》う。
第《だい》35回《かい》-問題《もんだい》95【○】

〈膀胱留置《ぼうこうりゅうち》カテーテル〉

❶ 排尿《はいにょう》バッグは膀胱《ぼうこう》と同《おな》じ高《たか》さにする。 第《だい》32回《かい》-問題《もんだい》51【×】

〈便秘《べんぴ》の高齢者《こうれいしゃ》の介護《かいご》〉

❶ 散歩《さんぽ》をするように勧《すす》める。 第《だい》34回《かい》-問題《もんだい》51【○】

❷ 就寝前《しゅうしんまえ》にトイレに座《すわ》るように勧《すす》める。 第《だい》34回《かい》-問題《もんだい》51【×】

いろいろな排泄《はいせつ》の介護《かいご》の問題《もんだい》が問《と》われていることがわかりました。尊厳《そんげん》の保持《ほじ》を理解《りかい》することと、介護方法《かいごほうほう》の知識《ちしき》が大事《だいじ》ですね。

どんな排泄介護《はいせつかいご》の方法《ほうほう》もわかるように、幅広《はばひろ》く学習《がくしゅう》してください。

家事《かじ》の介護《かいご》

一人暮《ひとりぐ》らしの高齢者《こうれいしゃ》の方《かた》が増《ふ》える中《なか》、利用者《りようしゃ》の生活《せいかつ》を支《ささ》えているのは、家《か》事《じ》の介護《かいご》です。家事《かじ》の介護《かいご》では、洗濯《せんたく》、調理《ちょうり》、掃除《そうじ》、裁縫《さいほう》などを行《おこな》うときに必要《ひつよう》な知識《ちしき》が問《と》われます。

私《わたし》は、利用者《りようしゃ》の洋服《ようふく》を下洗《したあら》いするときに、洗濯表示《せんたくひょうじ》を見《み》るように先輩職員《せんぱいしょくいん》から教《おそ》わりました。

洗濯表示《せんたくひょうじ》は、その衣類《いるい》に適《てき》した洗濯《せんたく》の方法《ほうほう》を示《しめ》しています。洗濯《せんたく》の介護《かいご》の基本《きほん》として覚《おぼ》えておきましょう。

POINT

【洗濯表示《せんたくひょうじ》】

洗濯処理《せんたくしょり》	 40℃まで	 手洗《てあら》いのみ	 家庭《かてい》での洗濯禁止《せんたくきんし》
漂白処理《ひょうはくしょり》	 漂白可《ひょうはくか》	 酸素系《さんそけい》のみ可《か》	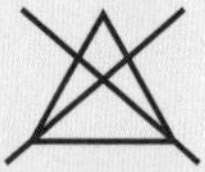 漂白不可《ひょうはくふか》
自然乾燥《しぜんかんそう》	 つり干《ぼ》し	 日陰《ひかげ》のつり干《ぼ》し	 日陰《ひかげ》のぬれつり干《ぼ》し
アイロン	 200℃	 150℃	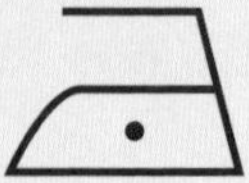 110℃

調理《ちょうり》の介護《かいご》では、どんなことが大切《たいせつ》ですか。

調理《ちょうり》の介護《かいご》で最《もっと》も大切《たいせつ》なことは、食中毒《しょくちゅうどく》を起《お》こさないことです。食品《しょくひん》の購入《こうにゅう》から保存《ほぞん》、調理中《ちょうりちゅう》の衛生管理《えいせいかんり》、食事《しょくじ》の提供《ていきょう》と残《のこ》った食品《しょくひん》の扱《あつか》いなどの方法《ほうほう》が問《と》われます。それでは実際《じっさい》の出題《しゅつだい》を見《み》てみましょう。

一問一答《いちもんいっとう》(○×チェック)

〈 洗濯表示《せんたくひょうじ》の記号《きごう》の意味《いみ》 〉

① 液温《えきおん》は30℃を上限《じょうげん》とし、洗濯機《せんたくき》で弱《よわ》い洗濯《せんたく》ができる。
第《だい》33回《かい》-問題《もんだい》51【○】

〈 洗濯《せんたく》の方法《ほうほう》 〉

① ほころびや破《やぶ》れがあるものは、修理《しゅうり》してから洗濯《せんたく》する。
第《だい》30回《かい》-問題《もんだい》55【○】

〈 食中毒《しょくちゅうどく》の予防《よぼう》 〉

① 生《なま》の肉《にく》を切《き》った包丁《ほうちょう》とまな板《いた》は、すぐに洗《あら》って熱湯《ねっとう》をかけておく。
第《だい》30回《かい》-問題《もんだい》44【○】

② 豚肉《ぶたにく》は、中心部《ちゅうしんぶ》が50℃になるように1分間《ぶんかん》加熱《かねつ》する。
第《だい》30回《かい》-問題《もんだい》44【×】

食中毒《しょくちゅうどく》の予防《よぼう》では、菌《きん》を増《ふ》やさないように素早《すばや》く冷蔵《れいぞう》・冷凍保存《れいとうほぞん》することや、手《て》や調理器具《ちょうりきぐ》の衛生管理《えいせいかんり》が大切《たいせつ》です。加熱調理《かねつちょうり》は、中心温度《ちゅうしんおんど》75°Cで1分以上《ぶんいじょう》が目安《めやす》です。覚《おぼ》えておきましょう。

休息《きゅうそく》・睡眠《すいみん》の介護《かいご》

日中《にっちゅう》、元気《げんき》に活動《かつどう》するためには、十分《じゅうぶん》に睡眠《すいみん》をとることが大切《たいせつ》です。

高齢者《こうれいしゃ》では、「眠《ねむ》れない」という方《かた》が多《おお》いですね。

そのとおりです。介護福祉職《かいごふくししょく》は、安眠《あんみん》しやすい環境《かんきょう》を提供《ていきょう》し、眠《ねむ》れない方《かた》に対《たい》して、**安眠《あんみん》を促《うなが》す支援《しえん》**を行《おこな》います。

夜勤《やきん》では、部屋《へや》を暗《くら》くして足元灯《あしもととう》(フットライト)をつけています。見《み》まわりは静《しず》かにして、室温《しつおん》と湿度《しつど》も調整《ちょうせい》します。

それは、副交感神経《ふくこうかんしんけい》を優位《ゆうい》にして、リラックスして入眠《にゅうみん》を促《うなが》すためですね。眠《ねむ》れなくなる原因《げんいん》に、寒《さむ》さ、痛《いた》み、心配事《しんぱいごと》、興奮《こうふん》している、などがあります。

POINT

【眠《ねむ》れない人《ひと》への対応《たいおう》】

- 眠《ねむ》れない人《ひと》の話《はなし》を聞《き》いて落《お》ち着《つ》ける
- 温《あたた》かいカフェインレスの飲《の》み物《もの》を飲《の》む
- 微温浴《びおんよく》(36～38℃。高温浴《こうおんよく》〈42℃以上《いじょう》〉は妨《さまた》げとなる)
- 足浴《そくよく》
- 湯《ゆ》たんぽ(足《あし》から離《はな》す、カバー)で寝具《しんぐ》を温《あたた》める

熱《あつ》いお風呂《ふろ》に入《はい》ると、交感神経《こうかんしんけい》が優位《ゆうい》になって、逆《ぎゃく》に目《め》が覚《さ》めてしまうので、気《き》をつけましょう。ぬるめのお湯《ゆ》で、足浴《そくよく》したり、ゆっくりお風呂《ふろ》に入《はい》ったりすると、リラックスし、入眠《にゅうみん》しやすくなります。

先輩職員《せんぱいしょくいん》から、朝《あさ》にカーテンを開《あ》けて光《ひかり》を浴《あ》びると、夜暗《よるくら》くなったときに睡眠《すいみん》ホルモン(メラトニン)が分泌《ぶんぴつ》されると教《おそ》わりました。

そのとおりです。朝《あさ》に光《ひかり》を浴《あ》びると、体内時計《たいないどけい》(概日《がいじつ》リズム)※が整《ととの》うためです。

※体内《たいない》に備《そな》わった活動《かつどう》と休息《きゅうそく》を1日周期《にちしゅうき》で刻《きざ》む機能《きのう》

一問一答《いちもんいっとう》(○×チェック)

〈睡眠《すいみん》の環境《かんきょう》〉

1. 枕《まくら》は、頸部《けいぶ》が前屈《ぜんくつ》する高《たか》さにする。 第《だい》35回《かい》-問題《もんだい》100【×】
2. 湿度《しつど》は20%以下《いか》に設定《せってい》する。 第《だい》32回《かい》-問題《もんだい》57【×】

〈眠《ねむ》れない利用者《りようしゃ》への対応《たいおう》〉

1. 寝《ね》る前《まえ》に緑茶《りょくちゃ》を飲《の》むように勧《すす》める。 第《だい》32回《かい》-問題《もんだい》56【×】
2. 起床時《きしょうじ》に日光《にっこう》を浴《あ》びるように勧《すす》める。 第《だい》32回《かい》-問題《もんだい》56【○】
3. 寝《ね》る直前《ちょくぜん》に熱《あつ》いお風呂《ふろ》に入《はい》るように促《うなが》す。 第《だい》30回《かい》-問題《もんだい》56【×】

このほか、事例問題《じれいもんだい》でも出題《しゅつだい》されることがあります。**眠《ねむ》れない原因《げんいん》をアセスメントする力《ちから》、障害者《しょうがいしゃ》や認知症《にんちしょう》の人《ひと》への対応《たいおう》の知識《ちしき》**が求《もと》められます。

人生《じんせい》の最終段階《さいしゅうだんかい》の介護《かいご》

人生《じんせい》の最終段階《さいしゅうだんかい》における介護《かいご》では、利用者《りようしゃ》が尊厳《そんげん》をもって最期《さいご》まで過《す》ごせるように支援《しえん》します。

人生《じんせい》の最終段階《さいしゅうだんかい》に近《ちか》づくと、心身《しんしん》はどのように変化《へんか》しますか？

心身《しんしん》の機能《きのう》(働《はたら》き)は、低下《ていか》していきます。苦痛《くつう》を軽減《けいげん》し、寂《さび》しくなく穏《おだ》やかに人生《じんせい》の最後《さいご》を迎《むか》えられるように介護《かいご》を行《おこな》います。

人生《じんせい》の最終段階《さいしゅうだんかい》の人《ひと》の介護《かいご》

倦怠感《けんたいかん》や痛《いた》みへの対応《たいおう》	・湯《ゆ》たんぽ　・マッサージ　・部分浴《ぶぶんよく》(手浴《しゅよく》・足浴《そくよく》)
呼吸困難《こきゅうこんなん》・口渇《こうかつ》への対応《たいおう》	・半座位《はんざい》(呼吸《こきゅう》が苦《くる》しいとき)　・口腔内《こうくうない》を湿《しめ》らせる
食事《しょくじ》	・好《す》きなもの　・食《た》べやすいもの(量《りょう》は少《すく》なくなる)
コミュニケーション	・耳《みみ》は最後《さいご》まで聞《き》こえるとされる。孤独《こどく》にさせないよう、語《かた》りかける。

利用者《りようしゃ》が最期《さいご》の時《とき》を迎《むか》えてから、医療職《いりょうしょく》と一緒《いっしょ》に死後《しご》の介護《かいご》を行《おこな》います。希望《きぼう》すれば家族《かぞく》にも参加《さんか》してもらいます。

POINT

【死後《しご》の介護《かいご》】 ※一般的《いっぱんてき》な手順《てじゅん》

本人《ほんにん》や家族《かぞく》の希望《きぼう》に合《あ》わせる(古来《こらい》の習慣《しゅうかん》では、生前《せいぜん》と逆《ぎゃく》のことを行《おこな》う)

①清拭《せいしき》:必要《ひつよう》な処置《しょち》の後《あと》、さかさ水《みず》(水《みず》に湯《ゆ》を入《い》れる)で清拭《せいしき》する。

②着物《きもの》:左前《ひだりまえ》あわせ(左身《ひだりみ》ごろが手前《てまえ》)、紐《ひも》は縦結《たてむす》びをする。手《て》を組《く》む。

③顔《かお》:ひげそりや薄化粧《うすげしょう》をする。口《くち》が閉《と》じないときは、顎《あご》の下《した》にタオルを入《い》れる。顔《かお》を白《しろ》い布《ぬの》で覆《おお》う。

利用者《りようしゃ》が亡《な》くなるときは、とても寂《さび》しいでしょうね。ご家族《かぞく》の気持《きも》ちを考《かんが》えると、「お支《ささ》えしたい」と感《かん》じます。

家族《かぞく》の支援《しえん》は大切《たいせつ》ですね。最近《さいきん》では、利用者《りようしゃ》と家族《かぞく》に情報《じょうほう》を提供《ていきょう》し、話《はな》し合《あ》い、尊厳《そんげん》ある人生《じんせい》の最後《さいご》をチームで支《ささ》える取《と》り組《く》みが重視《じゅうし》されています。

「**死《し》の準備教育《じゅんびきょういく》**」、「**グリーフケア**（家族《かぞく》に対《たい》する悲嘆《ひたん》のケア）」「**デスカンファレンス**（死後《しご》、利用者《りようしゃ》のケアを振《ふ》り返《かえ》り、介護福祉職《かいごふくししょく》は次《つぎ》のケア向上《こうじょう》を図《はか》る）」などがあります。

一問一答《いちもんいっとう》（○×チェック）

〈 死期《しき》が近《ちか》づいたときの介護《かいご》 〉

① 食事量《しょくじりょう》が減少《げんしょう》したときは、高《こう》カロリーの食事《しょくじ》を用意《ようい》する。
第《だい》33回《かい》 - 問題《もんだい》59【 × 】

② 会話《かいわ》をしないように勧《すす》める。
第《だい》35回《かい》 - 問題《もんだい》102【 × 】

〈 死後《しご》の介護《かいご》 〉

① 全身清拭《ぜんしんせいしき》には水《みず》を使用《しよう》する。 第《だい》32回《かい》 – 問題《もんだい》60【 × 】

② 家族《かぞく》に、死亡後《しぼうご》の介護《かいご》を一緒《いっしょ》に行《おこな》うかどうかを確認《かくにん》する。
第《だい》32回《かい》 – 問題《もんだい》60【○】

〈 利用者《りようしゃ》の死後《しご》、食欲《しょくよく》が低下《ていか》して眠《ねむ》れない家族《かぞく》への対応《たいおう》 〉

① 気遣《きづか》いの言葉《ことば》をかけて、話《はなし》を聴《き》く。 第《だい》31回《かい》 – 問題《もんだい》60【○】

② 外食《がいしょく》を勧《すす》める。 第《だい》31回《かい》 – 問題《もんだい》60【 × 】

身体面《しんたいめん》では、死期《しき》が近《ちか》づいたときや死後《しご》の変化《へんか》、心理面《しんりめん》では、死《し》の受容過程《じゅようかてい》の理解《りかい》なども出題《しゅつだい》されることがあります。

▶福祉用具《ふくしようぐ》

これは第《だい》35回国家試験《かいこっかしけん》から、**新《あら》たに追加《ついか》された項目《こうもく》**です。1993(平《へい》成《せい》5)年《ねん》「福祉用具《ふくしようぐ》の研究開発及《けんきゅうかいはつおよ》び普及《ふきゅう》の促進《そくしん》に関《かん》する法律《ほうりつ》(**福祉用具《ふくしようぐ》法《ほう》**)」が制定《せいてい》され、第《だい》2条《じょう》で『福祉用具《ふくしようぐ》』が定義《ていぎ》されました。

> **【福祉用具《ふくしようぐ》の研究開発及《けんきゅうかいはつおよ》び普及《ふきゅう》の促進《そくしん》に関《かん》する法律《ほうりつ》】**
>
> **第《だい》2条《じょう》　心身《しんしん》の機能《きのう》が低下《ていか》し日常生活《にちじょうせいかつ》を営《いとな》むのに支障《ししょう》のある老人又《ろうじんまた》は心《しん》身障害者《しんしょうがいしゃ》の日常生活上《にちじょうせいかつじょう》の便宜《べんぎ》を図《はか》るための用具及《ようぐおよ》びこれらの者《もの》の機能訓練《きのうくんれん》のための用具並《ようぐなら》びに補装具《ほそうぐ》※をいう。**
>
> ※「補装具《ほそうぐ》」は、身体《しんたい》の欠損《けっそん》を補《おぎな》う義肢《ぎし》や、麻痺《まひ》を補《おぎな》う装具《そうぐ》、車《くるま》いすなどのこと

福祉用具《ふくしようぐ》を広《ひろ》める法律《ほうりつ》があるのですね。

そうですね。福祉用具《ふくしようぐ》を使用《しよう》することで、自立《じりつ》や社会参加《しゃかいさんか》、生活《せいかつ》の質《しつ》の向上《こうじょう》など、利用者《りようしゃ》の可能性《かのうせい》が広《ひろ》がります。

POINT

【介護保険制度《かいごほけんせいど》で利用《りよう》できる福祉用具《ふくしようぐ》の種目《しゅもく》】

福祉用具貸与《ふくしようぐたいよ》	①車《くるま》いす　②車《くるま》いす付属品《ふぞくひん》　③特殊寝台《とくしゅしんだい》(介護用《かいごよう》ベッド) ④特殊寝台付属品《とくしゅしんだいふぞくひん》　⑤床《とこ》ずれ防止用具《ぼうしようぐ》(エアマットなど) ⑥体位変換器《たいいへんかんき》　⑦手《て》すり　⑧スロープ ⑨歩行器《ほこうき》(4点歩行器《てんほこうき》など)　⑩歩行補助杖《ほこうほじょづえ》(多点杖《たてんづえ》など) ⑪認知症高齢者徘徊感知器《にんちしょうこうれいしゃはいかいかんちき》　⑫移動用《いどうよう》リフト(つり具以外《ぐいがい》) ⑬自動排泄処理装置《じどうはいせつしょりそうち》
特定福祉用具販売《とくていふくしようぐはんばい》	①腰掛《こしか》け便座《べんざ》　②自動排泄処理装置《じどうはいせつしょりそうち》の交換可能部品《こうかんかのうぶひん》 ③排泄予測支援機器《はいせつよそくしえんきき》　④入浴補助用具《にゅうよくほじょようぐ》 ⑤簡易浴槽《かんいよくそう》　⑥移動用《いどうよう》リフトのつり具《ぐ》の部分《ぶぶん》

福祉用具《ふくしようぐ》は、必要《ひつよう》ではなくなったら次《つぎ》の人《ひと》が使《つか》えるように、貸与《たいよ》(レンタル)が適《てき》しているのですが、直接肌《ちょくせつはだ》に触《ふ》れるものや、使用《しよう》すると形《かたち》が変《か》わってしまうものは、販売《はんばい》(購入《こうにゅう》して使《つか》う)が適《てき》しているのです。

だから移動《いどう》や姿勢保持《しせいほじ》の福祉用具《ふくしようぐ》はレンタルで、排泄《はいせつ》や入浴《にゅうよく》の福祉用具《ふくしようぐ》は販売《はんばい》しているのですね。

第《だい》35回《かい》-問題《もんだい》105

福祉用具等《ふくしようぐとう》を安全《あんぜん》に使用《しよう》するための方法《ほうほう》として、最《もっと》も適切《てきせつ》なものを1つ選《えら》びなさい。

① 車《くるま》いすをたたむときは、ブレーキをかけてから行《おこな》う。

② 入浴用介助《にゅうよくようかいじょ》ベルトは、利用者《りようしゃ》の腰部《ようぶ》を真上《まうえ》に持《も》ち上《あ》げて使《し》用《よう》する。

③ 差《さ》し込《こ》み便器《べんき》は、端座位《たんざい》で使用《しよう》する。

④ 移動用《いどうよう》リフトで吊《つ》り上《あ》げるときは、利用者《りようしゃ》のからだから手《て》を離《はな》して行《おこな》う。

⑤ 簡易《かんい》スロープは、埋《う》め込《こ》み工事《こうじ》をして使用《しよう》する。【正解《せいかい》】❶

移動《いどう》の福祉用具《ふくしようぐ》、身《み》じたくの福祉用具《ふくしようぐ》、コミュニケーションのための福祉《ふくし》用具《ようぐ》の出題《しゅつだい》が増《ふ》えています。たくさんあるので、どんな用具《ようぐ》があるのか学《がく》習《しゅう》しましょう。

福祉《ふくし》マーク

私《わたし》たちの周《まわ》りには、**障害者《しょうがいしゃ》に関《かん》するさまざまなマーク**があります。どんなものがあるか知《し》っていますか？

車《くるま》いすマークは、駅《えき》やデパートのトイレでよく見《み》ます。

そうですね。それは、障害者《しょうがいしゃ》トイレや障害者《しょうがいしゃ》の優先駐車場《ゆうせんちゅうしゃじょう》などにある「障《しょう》害者《がいしゃ》のための国際《こくさい》シンボルマーク」です。障害者《しょうがいしゃ》マークを理解《りかい》することで、適切《てきせつ》な支援《しえん》や関《かか》わりができるようになります。

POINT

【障害者《しょうがいしゃ》マーク】

盲人《もうじん》のための国際《こくさい》シンボルマーク

耳《みみ》マーク

聴覚障害者標識《ちょうかくしょうがいしゃひょうしき》

補助犬《ほじょけん》マーク

障害者《しょうがいしゃ》のための国際《こくさい》シンボルマーク

身体障害者標識《しんたいしょうがいしゃひょうしき》

ハート・プラスマーク

ヘルプマーク

オストメイト用《よう》設備《せつび》マーク

耳《みみ》マークは耳《みみ》の不自由《ふじゆう》な人《ひと》が自分《じぶん》でつけるマークですか？

そのとおりです。耳《みみ》マークを示《しめ》す人《ひと》がいたら、「聞《き》こえない」ことを理解《りかい》して、筆談《ひつだん》するなど、コミュニケーションに配慮《はいりょ》してください。

オストメイト用設備《ようせつび》マークは、人工肛門《じんこうこうもん》や人工膀胱《じんこうぼうこう》の人《ひと》の排泄設備《はいせつせつび》のマークですね。ハート・プラスマークや、ヘルプマークは何《なん》ですか？

ハート・プラスマークは、内部障害《ないぶしょうがい》の方《かた》が使用《しよう》するマークで、目《め》に見《み》えづらい障害《しょうがい》への理解《りかい》や配慮《はいりょ》が必要《ひつよう》です。ヘルプマークは、義足《ぎそく》や人工関節《じんこうかんせつ》、内部障害《ないぶしょうがい》や難病《なんびょう》、妊娠中《にんしんちゅう》など、外見《がいけん》からわかりにくい援助《えんじょ》を必要《ひつよう》とする人《ひと》が使用《しよう》するマークです。それでは、問題《もんだい》を見《み》てみましょう。

第《だい》31回《かい》-問題《もんだい》35

下記《かき》マークが表《あらわ》しているものとして、正《ただ》しいものを1つ選《えら》びなさい。

1. 肢体不自由《したいふじゆう》のある人《ひと》が運転《うんてん》する自動車《じどうしゃ》
2. 障害者《しょうがいしゃ》が利用《りよう》できる建物《たてもの》、施設《しせつ》
3. 義肢《ぎし》や義足《ぎそく》などで援助《えんじょ》や配慮《はいりょ》を必要《ひつよう》としている人《ひと》
4. オストメイトであること、オストメイトのための設備《せつび》があるトイレ
5. 障害者《しょうがいしゃ》の就労支援《しゅうろうしえん》に取《と》り組《く》んでいる企業《きぎょう》

【正解《せいかい》】④

このほかにも福祉《ふくし》マークはありますが、まずは紹介《しょうかい》したマークを覚《おぼ》えてみてください。

介護過程《かいごかてい》

『介護過程《かいごかてい》』は、介護《かいご》を展開《てんかい》するための、基本的《きほんてき》な考《かんが》え方《かた》を問《と》う科目《かもく》です。暗記《あんき》することは少《すく》なく、解《と》き方《かた》を覚《おぼ》えると、やさしい問題《もんだい》が中心《ちゅうしん》です。それと、事例問題《じれいもんだい》がいくつか出題《しゅつだい》されます。

介護計画《かいごけいかく》は見《み》たことがありますが、試験《しけん》ではどんなふうに問《と》われるのでしょうか。

介護過程《かいごかてい》の目的《もくてき》

①介護過程《かいごかてい》の目的《もくてき》、②介護過程《かいごかてい》の４つのプロセス、③チームアプローチの内容《ないよう》、から出題《しゅつだい》があります。

介護過程《かいごかてい》の展開《てんかい》の４つのプロセス

アセスメント ➡ 介護計画《かいごけいかく》の立案《りつあん》 ➡ 介護《かいご》の実施《じっし》 ➡ 評価《ひょうか》

まずは、ほぼ毎回出題《まいかいしゅつだい》される「介護過程《かいごかてい》の目的《もくてき》」から紹介《しょうかい》します。

KEYWORD

【介護過程《かいごかてい》】

介護過程《かいごかてい》とは、利用者《りようしゃ》の生活上《せいかつじょう》の課題《かだい》の解決《かいけつ》に向《む》けて展開《てんかい》される、客観的《きゃっかんてき》で科《か》学的《がくてき》な思考《しこう》と実践《じっせん》のプロセスのことである。
「アセスメント」「介護計画《かいごけいかく》の立案《りつあん》」「介護《かいご》の実施《じっし》」「評価《ひょうか》」の４つのプロセスを展《てん》開《かい》することで、利用者《りようしゃ》の望《のぞ》む生活《せいかつ》(自己実現《じこじつげん》)に近《ちか》づくことができる。

介護過程《かいごかてい》の目的《もくてき》は、**利用者《りようしゃ》の望《のぞ》む生活《せいかつ》(自己実現《じこじつげん》)**に近《ちか》づくことなのですね。「自立支援《じりつしえん》」をすることは、介護過程《かいごかてい》の目的《もくてき》ですか？

はい。そのとおりです。同時《どうじ》に「生活《せいかつ》の質《しつ》の向上《こうじょう》」も介護過程《かいごかてい》の目的《もくてき》として重要《じゅうよう》です。たとえば食事《しょくじ》では、「自分《じぶん》で食《た》べる」と「おいしく食《た》べる」の両方《りょうほう》について、利用者《りようしゃ》の望《のぞ》む生活《せいかつ》を考《かんが》え、介護過程《かいごかてい》を展開《てんかい》します。それでは、問題《もんだい》を見《み》てみましょう。

第《だい》35回《かい》-問題《もんだい》106

介護過程《かいごかてい》を展開《てんかい》する目的《もくてき》として、最《もっと》も適切《てきせつ》なものを1つ選《えら》びなさい。

1. 業務効率《ぎょうむこうりつ》を優先《ゆうせん》する。
2. 医師《いし》と連携《れんけい》する。
3. ケアプランを作成《さくせい》する。
4. 画一的《かくいつてき》な介護《かいご》を実現《じつげん》する。
5. 根拠《こんきょ》のある介護《かいご》を実践《じっせん》する。

【正解《せいかい》】5

根拠《こんきょ》のある介護《かいご》を実践《じっせん》すると「生活《せいかつ》の質《しつ》」が向上《こうじょう》するので、5が正解《せいかい》だと思《おも》いました。

そうですね。介護《かいご》の目的《もくてき》は、利用者《りようしゃ》の生活《せいかつ》を中心《ちゅうしん》に考《かんが》えてください。

わかりました！

介護過程《かいごかてい》を展開《てんかい》すると「**根拠《こんきょ》のある介護《かいご》ができる**」、そして「**チームで統一《とういつ》した介護《かいご》ができる**」ということも、あわせて覚《おぼ》えましょう。

アセスメント

「アセスメント」って何《なん》ですか？

アセスメントは、利用者《りようしゃ》の「**情報収集《じょうほうしゅうしゅう》**」と情報《じょうほう》を分析《ぶんせき》、統合化《とうごうか》して「**課《か》題《だい》(ニーズ)の明確化《めいかくか》**」をすることです。ここでは情報収集《じょうほうしゅうしゅう》の種類《しゅるい》を示《しめ》します。

情報収集《じょうほうしゅうしゅう》の種類《しゅるい》

直接的《ちょくせつてき》な情報収集《じょうほうしゅうしゅう》	間接的《かんせつてき》な情報収集《じょうほうしゅうしゅう》
五感《ごかん》を用《もち》いて利用者本人《りようしゃほんにん》との関《かか》わりから情報《じょうほう》を得《え》る(観察《かんさつ》)。	記録《きろく》を見《み》る。 他職種《たしょくしゅ》や家族等周《かぞくとうまわ》りの人《ひと》からも情報《じょうほう》を得《え》る。

いろいろな方法《ほうほう》がありますね。情報収集《じょうほうしゅうしゅう》をするときに、何《なに》か気《き》をつけることはありますか？

無理《むり》に情報収集《じょうほうしゅうしゅう》をしようとして、信頼関係《しんらいかんけい》が崩《くず》れないように気《き》をつけましょう。

POINT

【情報収集《じょうほうしゅうしゅう》の注意点《ちゅういてん》】

① プライバシーに配慮《はいりょ》して信頼関係《しんらいかんけい》を築《きず》きながら情報収集《じょうほうしゅうしゅう》を行《おこな》う。

② 思《おも》い込《こ》みや偏見《へんけん》を持《も》たず、ありのままの利用者《りようしゃ》を理解《りかい》する。

③ 専門的《せんもんてき》な知識《ちしき》を活用《かつよう》し、目的《もくてき》を意識《いしき》して情報収集《じょうほうしゅうしゅう》を行《おこな》う。

④ 「客観的事実《きゃっかんてきじじつ》」、「利用者《りようしゃ》の主観《しゅかん》」、「介護福祉職《かいごふくししょく》の判断《はんだん》」を分《わ》ける。

⑤ ICFの視点《してん》を用《もち》いることで、生活《せいかつ》の全体像《ぜんたいぞう》をとらえる。

④でふれている客観的事実《きゃっかんてきじじつ》は、見《み》てわかる事実《じじつ》のことですよね。それ以外《いがい》の２つについて、教《おし》えてください。

利用者《りようしゃ》の生活《せいかつ》は、見《み》てわかることだけではありませんね。
利用者《りようしゃ》の主観《しゅかん》（思《おも》い）や、介護福祉職《かいごふくししょく》の判断《はんだん》（専門的知識《せんもんてきちしき》を活用《かつよう》した推測《すいそく》、予測《よそく》）なども、大切《たいせつ》な情報《じょうほう》になります。
ただし**「客観的事実《きゃっかんてきじじつ》」と「利用者《りようしゃ》の主観《しゅかん》（思《おも》い）」「介護福祉《かいごふくし》職《しょく》の判断《はんだん》（アセスメント）」**は、情報《じょうほう》の性質《せいしつ》が違《ちが》うので、分《わ》けて書《か》く必要《ひつよう》があります。
では、「情報収集《じょうほうしゅうしゅう》」に関《かん》する問題《もんだい》を見《み》てみましょう。

一問一答《いちもんいっとう》（○×チェック）

1 一《ひと》つの場面《ばめん》に限定《げんてい》して得《え》られる情報《じょうほう》を集《あつ》める。
第《だい》33回《かい》-問題《もんだい》62【×】

2 五感《ごかん》を活用《かつよう》した観察《かんさつ》を通《とお》して情報《じょうほう》を集《あつ》める。
第《だい》33回《かい》-問題《もんだい》62【○】

3 他《ほか》の専門職《せんもんしょく》が記載《きさい》した記録《きろく》は直接的《ちょくせつてき》な情報《じょうほう》として扱《あつか》う。
第《だい》34回《かい》－問題《もんだい》62【×】

4 利用者《りようしゃ》の生活《せいかつ》に対《たい》する思《おも》いを大切《たいせつ》にしながら収集《しゅうしゅう》する。
第《だい》34回《かい》－問題《もんだい》62【○】

5 生活機能《せいかつきのう》は、他職種《たしょくしゅ》からの情報《じょうほう》も活用《かつよう》する。
第《だい》31回《かい》-問題《もんだい》62【○】

過去問題《かこもんだい》では、第《だい》30回《かい》は課題《かだい》の明確化《めいかくか》の方法《ほうほう》、第《だい》31回《かい》は課題《かだい》の優先順位《ゆうせんじゅんい》、第《だい》36回《かい》は初回面談時《しょかいめんだんじ》の情報収集《じょうほうしゅうしゅう》における留意点《りゅういてん》が出題《しゅつだい》されています。切《き》り口《くち》は違《ちが》いますが、基本的《きほんてき》な知識《ちしき》で解《と》ける問題《もんだい》でした。落《お》ち着《つ》いて取《と》り組《く》んでください！

介護計画《かいごけいかく》の立案《りつあん》

介護計画《かいごけいかく》の立案《りつあん》については、幅広《はばひろ》く出題《しゅつだい》されます。まず「目標《もくひょう》」から学《まな》んでいきましょう。「目標《もくひょう》」は、利用者《りようしゃ》が目指《めざ》す生活像《せいかつぞう》（＝ゴール）で、長期《ちょうき》と短《たん》期《き》に分《わ》けられます。

長期目標《ちょうきもくひょう》と短期目標《たんきもくひょう》の関係《かんけい》について、教《おし》えてください。

長期目標《ちょうきもくひょう》は遠《とお》くのゴール、短期目標《たんきもくひょう》はその途中《とちゅう》に設定《せってい》した近《ちか》くのゴールだと考《かんが》えましょう。

長期目標《ちょうきもくひょう》と短期目標《たんきもくひょう》の例《れい》

長期目標《ちょうきもくひょう》 半年《はんとし》～1年後《ねんご》に到達《とうたつ》する目標《もくひょう》	短期目標《たんきもくひょう》 数週間《すうしゅうかん》～数《すう》か月後《げつご》に到達《とうたつ》する目標《もくひょう》
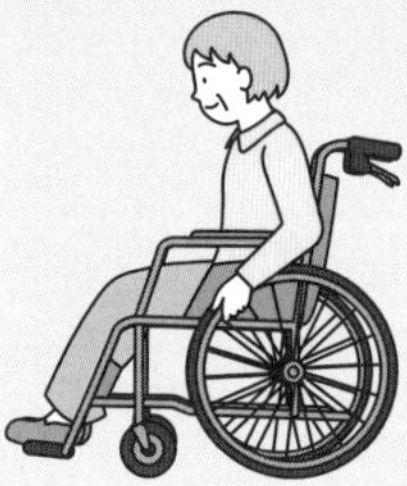	
施設内《しせつない》を車《くるま》いすで自走《じそう》できる。	1日《にち》3回《かい》、車《くるま》いすに座《すわ》ることができる。

POINT

【介護目標《かいごもくひょう》の設定《せってい》】

① 利用者《りようしゃ》を主語《しゅご》にする（本人《ほんにん》が目指《めざ》す目標《もくひょう》）。

② 現実的《げんじつてき》で実現《じつげん》が可能《かのう》である（「本人《ほんにん》の望《のぞ》み」と「専門的《せんもんてき》な視点《してん》のアセスメント」を統合《とうごう》し、計画《けいかく》する）。

③ 目標《もくひょう》の表現《ひょうげん》は、「利用者《りようしゃ》が～できる／～になる」とする。

利用者《りようしゃ》を主語《しゅご》にするのですね。「**利用者《りようしゃ》の望《のぞ》み**」と「**専門的《せんもんてき》な視点《してん》のアセスメント**」の両方《りょうほう》が大切《たいせつ》だということがわかりました。

支援内容《しえんないよう》を書《か》くときもポイントがあります。誰《だれ》が見《み》てもわかるように、具体的《ぐたいてき》に表現《ひょうげん》すること、5W1Hを意識《いしき》することです。

> **5W1H** ＝ 誰《だれ》(Who)が、いつ(When)、どこで(Where)、なぜ(Why)、どのように(How)、何《なに》をする(What)

また、介護《かいご》するときの注意点《ちゅういてん》も記載《きさい》します。では、問題《もんだい》を見《み》てみましょう。

第《だい》34回《かい》－問題《もんだい》64

介護過程《かいごかてい》における目標《もくひょう》の設定《せってい》に関《かん》する次《つぎ》の記述《きじゅつ》のうち、適切《てきせつ》なものを1つ選《えら》びなさい。

1. 長期目標《ちょうきもくひょう》の期間《きかん》は、1か月程度《げつていど》に設定《せってい》する。
2. 長期目標《ちょうきもくひょう》は、短期目標《たんきもくひょう》ごとに設定《せってい》する。
3. 短期目標《たんきもくひょう》は、生活全般《せいかつぜんぱん》の課題《かだい》が解決《かいけつ》した状態《じょうたい》を表現《ひょうげん》する。
4. 短期目標《たんきもくひょう》は、抽象的《ちゅうしょうてき》な内容《ないよう》で表現《ひょうげん》する。
5. 短期目標《たんきもくひょう》は、長期目標《ちょうきもくひょう》の達成《たっせい》につながるように設定《せってい》する。

【正解《せいかい》】5

介護計画《かいごけいかく》の立案《りつあん》のポイントがわかりました。

介護計画《かいごけいかく》の立案《りつあん》は、毎年出題《まいとししゅつだい》されています。事例問題《じれいもんだい》の場合《ばあい》は、読《よ》むときに**重要箇所《じゅうようかしょ》へ下線《かせん》を引《ひ》いて**、落《お》ち着《つ》いて読《よ》みましょう。**問題《もんだい》を解《と》いて慣《な》れることが大切《たいせつ》**です！

介護《かいご》の実施《じっし》と評価《ひょうか》

介護計画《かいごけいかく》が決定《けってい》したら、計画《けいかく》に沿《そ》って適切《てきせつ》に**介護《かいご》を実施《じっし》する**ことや、目標《もくひょう》の期限《きげん》になったら、**評価《ひょうか》する**ことが重要《じゅうよう》になります。

介護計画《かいごけいかく》を実施《じっし》するときは、どんなことが大切《たいせつ》ですか？

介護《かいご》のチームで目的《もくてき》と役割《やくわり》を統一《とういつ》し、計画《けいかく》に沿《そ》って適切《てきせつ》に実施《じっし》することです。

利用者《りようしゃ》さんの介護《かいご》をしていると、体調《たいちょう》が変化《へんか》したり、気持《きも》ちが落《お》ち込《こ》んだりしているときがありますね。いつもと違《ちが》っているときは、どうしたらいいでしょうか？

そうですね。利用者《りようしゃ》の状態《じょうたい》は、日々《ひび》、変化《へんか》します。介護《かいご》のチームで情報《じょうほう》を共有《きょうゆう》して、無理《むり》のないように実施《じっし》していきましょう。

POINT

【介護《かいご》の実施《じっし》と評価《ひょうか》のポイント】

介護《かいご》の実施《じっし》 （目標《もくひょう》の期限《きげん》まで行《おこな》う）	評価《ひょうか》 （短期目標《たんきもくひょう》ごとに評価《ひょうか》する）
①作成時《さくせいじ》に利用者《りようしゃ》と家族《かぞく》と共有《きょうゆう》する。	①短期目標《たんきもくひょう》への到達度《とうたつど》はどれくらいか。
②介護計画《かいごけいかく》に基《もと》づき、チームで目的《もくてき》と役割《やくわり》を共有《きょうゆう》し、適切《てきせつ》に実施《じっし》する。	②アセスメント、介護計画《かいごけいかく》の内容《ないよう》、介《かい》護《ご》の実施《じっし》が適切《てきせつ》であったか。
③利用者《りようしゃ》の状態《じょうたい》、状況《じょうきょう》にあわせる。	③長期目標《ちょうきもくひょう》に向《む》かったか。
④観察《かんさつ》し、記録《きろく》をする。	④計画《けいかく》の修正《しゅうせい》は必要《ひつよう》か。

介護《かいご》の実施《じっし》の記録《きろく》を書《か》くときは、どう書《か》けばよいのでしょう？

時間《じかん》の流《なが》れに沿《そ》って、ありのまま(客観的《きゃっかんてき》に)記録《きろく》します。情報収集《じょうほうしゅうしゅう》の注意《ちゅうい》点《てん》(P170)で学《まな》んだのと同様《どうよう》に、客観的事実《きゃっかんてきじじつ》、利用者《りようしゃ》の主観《しゅかん》(思《おも》い)、介護福《かいごふく》祉職《ししょく》の判断《はんだん》(アセスメント)は分《わ》けましょう。

わかりました。施設《しせつ》の記録《きろく》の研修《けんしゅう》では、新聞《しんぶん》の記事《きじ》を書《か》くように、5W1H(P173)を使《つか》って客観的《きゃっかんてき》な事実《じじつ》を具体的《ぐたいてき》に書《か》くようにアドバイスがありました。

わかりやすい説明《せつめい》ですね。では、問題《もんだい》を見《み》ていきましょう。

第《だい》35回《かい》-問題《もんだい》107

次《つぎ》のうち、介護過程《かいごかてい》を展開《てんかい》した結果《けっか》を評価《ひょうか》する項目《こうもく》として、最《もっと》も優先《ゆうせん》すべきものを１つ選《えら》びなさい。

1. 実施《じっし》に要《よう》した日数《にっすう》
2. 情報収集《じょうほうしゅうしゅう》に要《よう》した時間《じかん》
3. 評価《ひょうか》に要《よう》した時間《じかん》
4. 介護福祉職《かいごふくししょく》チームの満足度《まんぞくど》
5. 短期目標《たんきもくひょう》の達成度《たっせいど》

【正解《せいかい》】5

評価《ひょうか》は短期目標《たんきもくひょう》ごとに行《おこな》うのでしたね。

そうですね。短期目標《たんきもくひょう》に到達《とうたつ》した場合《ばあい》は、長期目標《ちょうきもくひょう》に向《む》かったかも注目《ちゅうもく》します。過去問題《かこもんだい》では、実施《じっし》・評価《ひょうか》・記録《きろく》の項目《こうもく》から毎年出題《まいとししゅつだい》されています。

チームアプローチ／ケアマネジメントと介護過程《かいごかてい》

介護《かいご》の支援《しえん》では、利用者《りようしゃ》と家族《かぞく》を中心《ちゅうしん》に、多職種《たしょくしゅ》で連携《れんけい》する「チームアプローチ」を実践《じっせん》しています。介護保険法《かいごほけんほう》や障害者総合支援法《しょうがいしゃそうごうしえんほう》で行《おこな》う「ケアマネジメント」もチームアプローチで実践《じっせん》します。

介護保険法《かいごほけんほう》でのケアマネジメントと介護過程《かいごかてい》

ケアマネジメント	介護過程《かいごかてい》
介護支援専門員《かいごしえんせんもんいん》(ケアマネジャー)が、「居宅《きょたく》サービス計画《けいかく》(ケアプラン)」※を立案《りつあん》する。 総合的《そうごうてき》な支援方針《しえんほうしん》・利用《りよう》するサービスの種類《しゅるい》を記載《きさい》する。	ケアマネジメントで決定《けってい》した方針《ほうしん》に沿《そ》って計画《けいかく》・実施《じっし》する。 介護《かいご》サービス(訪問介護《ほうもんかいご》・通所介護《つうしょかいご》など)の利用《りよう》が決定《けってい》した場合《ばあい》、各事業所《かくじぎょうしょ》は「個別援助計画《こべつえんじょけいかく》」(訪問介護計画《ほうもんかいごけいかく》・通所介護計画《つうしょかいごけいかく》など)を立案《りつあん》する。 具体的《ぐたいてき》サービス内容《ないよう》を記載《きさい》する。

※在宅《ざいたく》の利用者《りようしゃ》の場合《ばあい》。施設《しせつ》の場合《ばあい》は、「施設《しせつ》サービス計画書《けいかくしょ》(ケアプラン)」を立案《りつあん》する。

私《わたし》が働《はたら》く施設《しせつ》では、ケアプランを立《た》てるときに、多職種《たしょくしゅ》が集《あつ》まってカンファレンスをします。利用者《りようしゃ》や家族《かぞく》も参加《さんか》することがあります。

POINT

【チームアプローチにおける介護福祉職《かいごふくししょく》の役割《やくわり》】

① 利用者《りようしゃ》の日常生活《にちじょうせいかつ》を観察《かんさつ》し、異常《いじょう》や変化《へんか》にいち早《はや》く気《き》づき、他職種《たしょくしゅ》に伝《つた》える。

② 利用者《りようしゃ》の生活歴《せいかつれき》や価値観《かちかん》、生活《せいかつ》(活動《かつどう》・参加《さんか》)重視《じゅうし》のアセスメントができる。

③ 利用者《りようしゃ》の思《おも》いや生活《せいかつ》の状況《じょうきょう》を伝《つた》え、必要《ひつよう》な他職種《たしょくしゅ》と連携《れんけい》する。

チームでの介護福祉職《かいごふくししょく》の役割《やくわり》を知《し》ることが大事《だいじ》なのですね。

そうですね。それに**多職種《たしょくしゅ》の専門性《せんもんせい》**を知《し》ると、上手《じょうず》に連携《れんけい》できます。理学療法士《りがくりょうほうし》(PT)、作業療法士《さぎょうりょうほうし》(OT)、言語聴覚士《げんごちょうかくし》(ST)、介護支援専門員《かいごしえんせんもんいん》(ケアマネジャー)の役割《やくわり》もわかるとよいでしょう。それでは問題《もんだい》を見《み》てみましょう。

第《だい》30回《かい》 - 問題《もんだい》68

Gさん(66歳《さい》、女性《じょせい》)は、1年前《ねんまえ》に脳梗塞《のうこうそく》(cerebral infarction)を発症《はっしょう》して片麻痺《かたまひ》になった。在宅復帰《ざいたくふっき》を目指《めざ》し、介護老人保健施設《かいごろうじんほけんしせつ》に入所《にゅうしょ》して、「家《いえ》に帰《かえ》れるように頑張《がんば》らなくちゃ」と熱心《ねっしん》に立位訓練《りついくんれん》に取《と》り組《く》んでいた。しかし、同居《どうきょ》していた孫《まご》が3日前《かまえ》に訪《おとず》れてから、「体調《たいちょう》が悪《わる》い」と言《い》って、閉《と》じこもり、食事《しょくじ》は半分《はんぶん》も食《た》べなくなった。傾聴《けいちょう》ボランティアがGさんの居室《きょしつ》を訪《おとず》れると、「訓練《くんれん》しても帰《かえ》るところがない」と泣《な》いて話《はな》したという。
Gさんに対《たい》する介護福祉職《かいごふくししょく》の対応《たいおう》として、最《もっと》も適切《てきせつ》なものを1つ選《えら》びなさい。

1. 食事量《しょくじりょう》を評価《ひょうか》して、栄養指導《えいようしどう》を行《おこな》う。
2. 立位訓練《りついくんれん》を評価《ひょうか》して、回復状況《かいふくじょうきょう》を把握《はあく》する。
3. 家族《かぞく》と調整《ちょうせい》して、退所後《たいしょご》の住《す》まいを整《ととの》える。
4. サービス担当者会議《たんとうしゃかいぎ》に孫《まご》を招集《しょうしゅう》する。
5. 傾聴《けいちょう》ボランティアの情報《じょうほう》を基《もと》に、本人《ほんにん》の生活《せいかつ》ニーズを確認《かくにん》する。

【正解《せいかい》】5

介護福祉職《かいごふくししょく》が利用者《りようしゃ》の思《おも》いや望《のぞ》む生活《せいかつ》を理解《りかい》することがポイントですね。

そうですね。チームアプローチは、事例問題《じれいもんだい》での出題《しゅつだい》が多《おお》いです。問《と》われる内容《ないよう》は難《むずか》しくないので、落《お》ち着《つ》いて読《よ》んで、解答《かいとう》しましょう。

総合問題《そうごうもんだい》

『総合問題《そうごうもんだい》』の出題基準《しゅつだいきじゅん》では、『4領域《りょういき》(人間《にんげん》と社会《しゃかい》、こころとからだのしくみ、医療的《いりょうてき》ケア、介護《かいご》)の知識《ちしき》及《およ》び技術《ぎじゅつ》を横断的《おうだんてき》に問《と》う問題《もんだい》を、事例形式《じれいけいしき》で出題《しゅつだい》する』と示《しめ》されています。ここでは出題《しゅつだい》の傾向《けいこう》とともに「どのような事例《じれい》が出題《しゅつだい》されるのか？」というイメージをもてるようにします。

総合問題《そうごうもんだい》の対策《たいさく》はどのようにしたらよいのでしょうか？

各科目《かくかもく》の知識《ちしき》や技術《ぎじゅつ》が横断的《おうだんてき》に問《と》われるということは、総合問題以外《そうごうもんだいいがい》の科目《かもく》の対策《たいさく》をどれくらい実施《じっし》したかが重要《じゅうよう》になってきます。

たしかにそうですね。総合問題《そうごうもんだい》は、毎年何問出題《まいとしなんもんしゅつだい》されるのでしょうか？

長文事例《ちょうぶんじれい》が4題《だい》で、各事例《かくじれい》に設問《せつもん》が3問《もん》ずつありますので、合計《ごうけい》12問《もん》です。また、事例《じれい》は**高齢者領域《こうれいしゃりょういき》**と**障害児者領域《しょうがいじしゃりょういき》**の両方《りょうほう》から出題《しゅつだい》されます。

高齢者領域《こうれいしゃりょういき》

高齢者領域《こうれいしゃりょういき》では、どのような事例《じれい》が出題《しゅつだい》されたのでしょうか？

まず、「**認知症高齢者《にんちしょうこうれいしゃ》**」は定番《ていばん》といってもよいと感《かん》じています。その他《ほか》、最近《さいきん》では「フレイル」の高齢者《こうれいしゃ》も登場《とうじょう》しました。

フレイル？？？

KEYWORD

【フレイル】

加齢《かれい》により心身《しんしん》の活力《かつりょく》(運動機能《うんどうきのう》や認知機能等《にんちきのうとう》)が低下《ていか》しているが、適切《てきせつ》な介入《かいにゅう》・対策《たいさく》を行《おこな》えば生活機能《せいかつきのう》の維持向上《いじこうじょう》が可能《かのう》な状態像《じょうたいぞう》。基準《きじゅん》には、①体重減少《たいじゅうげんしょう》、②疲労感《ひろうかん》、③歩行速度《ほこうそくど》、④筋力低下《きんりょくていか》、⑤身体活動《しんたいかつどう》、の5項目《こうもく》があり、このうち3項目《こうもく》以上該当《いじょうがいとう》するとフレイルとなる。

事例《じれい》のどのあたりが横断的《おうだんてき》なのでしょうか？

第《だい》33回《かい》-総合問題《そうごうもんだい》2

(事例《じれい》)

Kさん(80歳《さい》、女性《じょせい》)は夫《おっと》が亡《な》くなった後《あと》、自宅《じたく》で一人暮《ひとりぐ》らしをしていた。ある日《ひ》、一人娘《ひとりむすめ》のLさんが訪《たず》ねると、ごみが散乱《さんらん》しており、冷蔵庫《れいぞうこ》の中《なか》には古《ふる》くなった食材《しょくざい》がたくさん入《はい》っていた。

変化《へんか》に驚《おどろ》いたLさんはKさんと病院《びょういん》を受診《じゅしん》したところ、認知症《にんちしょう》(dementia)と診断《しんだん》された。LさんはKさんに家庭的《かていてき》な雰囲気《ふんいき》の中《なか》で生活《せいかつ》をしてほしいと考《かんが》えた。その結果《けっか》、Kさんは認知症対応型共同生活介護《にんちしょうたいおうがたきょうどうせいかつかいご》(グループホーム)を利用《りよう》することになった。

入居《にゅうきょ》して1週間《しゅうかん》が経過《けいか》し、Kさんと関《かか》わったM介護福祉職《かいごふくししょく》は、Kさんは短期記憶《たんききおく》の低下《ていか》により、最近《さいきん》の出来事《できごと》については話《はな》すことは難《むずか》しいが、自分《じぶん》が学校《がっこう》に通《かよ》っていた頃《ころ》の話《はなし》や、子《こ》どもの頃《ころ》に歌《うた》っていた歌《うた》については生《い》き生《い》きと話《はな》すことを確認《かくにん》した。

これは『発達《はったつ》と老化《ろうか》の理解《りかい》』『認知症《にんちしょう》の理解《りかい》』『介護《かいご》の基本《きほん》』の知識《ちしき》が横断的《おうだんてき》に問《と》われている問題《もんだい》ですね。

なるほど！

障害児者領域《しょうがいじしゃりょういき》

障害児者領域《しょうがいじしゃりょういき》では、ここ数年《すうねん》障害児《しょうがいじ》の事例《じれい》が散見《さんけん》されます。解《と》き方《かた》が難《むずか》しいと感《かん》じられるかもしれませんので、そのポイントを取《と》り上《あ》げましょう。

障害福祉《しょうがいふくし》サービスの勤務経験《きんむけいけん》がある人《ひと》は有利《ゆうり》になりそうですね。羨《うらや》ましいです。

それは介護《かいご》サービスの勤務経験《きんむけいけん》がある人《ひと》が高齢者領域《こうれいしゃりょういき》の内容《ないよう》に有利《ゆうり》なのと同《おな》じでしょうから、お互《たが》い様《さま》です。

そうかもしれませんね。では、どのような事例《じれい》が出題《しゅつだい》されているか見《み》てみたいです。

第《だい》33回《かい》 - 総合問題《そうごうもんだい》3

(事例《じれい》)

Aさん(10歳《さい》、男性《だんせい》)は、自閉症《じへいしょう》スペクトラム障害《しょうがい》(autism spectrum disorder)であり、多動《たどう》で発語《はつご》は少《すく》ない。毎日《まいにち》のように道路《どうろ》に飛《と》び出《だ》してしまったり、高《たか》い所《ところ》に登《のぼ》ったりするなど、危険《きけん》の判断《はんだん》ができない。また、感情《かんじょう》の起伏《きふく》が激《はげ》しく、パニックになると止《と》めても壁《かべ》に頭《あたま》を打《う》ちつけ、気持《きも》ちが高《たか》ぶると騒《さわ》ぎ出《だ》す。お金《かね》の使《つか》い方《かた》がわからないため好《す》きなものをたくさん買《か》おうとする。現在《げんざい》は、特別支援学校《とくべつしえんがっこう》に通《かよ》っており、普段《ふだん》の介護《かいご》は母親《ははおや》が一人《ひとり》で担《にな》っている。

自閉症《じへいしょう》スペクトラム障害《しょうがい》は、近年《きんねん》よく耳《みみ》にします。10歳《さい》の子《こ》が事《じ》例《れい》に出《で》てくるのですね。驚《おどろ》きました。

障害児《しょうがいじ》は、障害福祉《しょうがいふくし》サービスのうちの「訓練等給付《くんれんとうきゅうふ》」は利用《りよう》できません。つまり、「介護給付《かいごきゅうふ》」のうち、障害児《しょうがいじ》も利用《りよう》できるサービスの種類《しゅるい》を覚《おぼ》えれば正答《せいとう》を導《みちび》くことができると思《おも》います。以下《いか》にその表《ひょう》をあげてみます。

POINT

【障害児《しょうがいじ》も利用《りよう》できるサービスの種類《しゅるい》】

サービスの種類《しゅるい》	者《しゃ》	児《じ》	主《おも》な内容《ないよう》
居宅介護《きょたくかいご》（ホームヘルプ）	○	○	自宅《じたく》で入浴《にゅうよく》、排泄《はいせつ》、食事《しょくじ》の介護等《かいごとう》を行《おこな》う
重度訪問介護《じゅうどほうもんかいご》	○		①重度《じゅうど》の肢体不自由《したいふじゆう》、②重度《じゅうど》の知的障害《ちてきしょうがい》、③精神障害《せいしんしょうがい》により行動上《こうどうじょう》著《いちじる》しい困難《こんなん》を有《ゆう》する者《もの》であって常《つね》に介護《かいご》を必要《ひつよう》とする人《ひと》に、自宅《じたく》で入浴《にゅうよく》、排泄《はいせつ》、食事《しょくじ》の介護《かいご》、外出時《がいしゅつじ》における移動支援《いどうしえん》、入院時《にゅういんじ》の支援等《しえんとう》を総合的《そうごうてき》に行《おこな》う
同行援護《どうこうえんご》	○	○	視覚障害《しかくしょうがい》により、移動《いどう》に著《いちじる》しい困難《こんなん》を有《ゆう》する人《ひと》の外出時《がいしゅつじ》の介護等《かいごとう》
行動援護《こうどうえんご》	○	○	自己判断能力《じこはんだんのうりょく》が制限《せいげん》されている人《ひと》が行動《こうどう》する時《とき》の外出支援等《がいしゅつしえんとう》
重度障害者等《じゅうどしょうがいしゃとう》包括支援《ほうかつしえん》	○	○	介護《かいご》の必要性《ひつようせい》がとても高《たか》い人《ひと》に複数《ふくすう》のサービスを包括的《ほうかつてき》に行《おこな》う
短期入所《たんきにゅうしょ》（ショートステイ）	○	○	自宅《じたく》で介護《かいご》する人《ひと》が病気《びょうき》の場合《ばあい》などに施設《しせつ》で介護《かいご》を行《おこな》う
療養介護《りょうようかいご》	○		医療《いりょう》と常時介護《じょうじかいご》を必要《ひつよう》とする人《ひと》に、医療機関《いりょうきかん》で機能訓練《きのうくんれん》、療養上《りょうようじょう》の管理《かんり》、看護《かんご》、介護《かいご》などを行《おこな》う
生活介護《せいかつかいご》	○		常《つね》に介護《かいご》を必要《ひつよう》とする人《ひと》に、昼間《ひるま》、入浴《にゅうよく》、排《はい》泄《せつ》、食事《しょくじ》の介護等《かいごとう》を行《おこな》うとともに、創作的活《そうさくてきかつ》動《どう》または生産活動《せいさんかつどう》の機会《きかい》を提供《ていきょう》する
施設入所支援《しせつにゅうしょしえん》	○		施設《しせつ》に入所《にゅうしょ》する人《ひと》に、夜間《やかん》や休日《きゅうじつ》、入浴《にゅうよく》、排《はい》泄《せつ》、食事《しょくじ》の介護等《かいごとう》を行《おこな》う

これで合格《ごうかく》！試験当日《しけんとうじつ》までの学習《がくしゅう》スケジュール

～8月《がつ》

受験準備《じゅけんじゅんび》

6月下旬《がつげじゅん》

介護福祉士国家《かいごふくししこっか》試験《しけん》の「試験概要《しけんがいよう》」および「受験申《じゅけんもう》し込《こ》み手続《てつづ》き」公表《こうひょう》予定《よてい》

7月《がつ》

出題基準《しゅつだいきじゅん》・合格基《ごうかくき》準《じゅん》発表《はっぴょう》予定《よてい》

8月上旬《がつじょうじゅん》～9月上旬《がつじょうじゅん》

出願《しゅつがん》

学習《がくしゅう》スケジュール

問題《もんだい》をチェック！

まずは『過去問《かこもん》解説集《かいせつしゅう》』で、出題《しゅつだい》傾向《けいこう》を把握《はあく》しましょう。自分《じぶん》の得《とく》意《い》・不得意《ふとくい》な科目《かもく》や分野《ぶんや》がわかります。

くり返《かえ》し解《と》こう！

書《か》き込《こ》み式《しき》の『合格《ごうかく》ドリル』を使《つか》って、基本《きほん》の内容《ないよう》をおさえます。出題《しゅつだい》の傾向《けいこう》がつかめたら『模《も》擬問題集《ぎもんだいしゅう》』で力《ちから》試《だめ》ししましょう。

わからないところはテキストで確認《かくにん》

『ワークブック』『合格《ごうかく》テキスト』で、受験《じゅけん》に必要《ひつよう》な知識《ちしき》をインプット。『国試《こくし》ナビ』は横断的《おうだんてき》に内容《ないよう》を理解《りかい》することができます。

長期間《ちょうきかん》にわたる試験勉強《しけんべんきょう》では、計画性《けいかくせい》がなによりも大切《たいせつ》です。そこで、受《じゅ》験《けん》のために必要《ひつよう》な手続《てつづ》きのスケジュールと、中央法規出版《ちゅうおうほうきしゅっぱん》の受験対策書籍《じゅけんたいさくしょせき》を使《つか》ったおすすめ学習《がくしゅう》スケジュールを紹介《しょうかい》します。ぜひ参考《さんこう》にしてください。

9月《がつ》〜11月《がつ》

受験票《じゅけんひょう》には、受験番号《じゅけんばんごう》や試験会場《しけんかいじょう》、日時《にちじ》、注《ちゅう》意事項《いじこう》などが記載《きさい》されているので、必《かなら》ずチェックしましょう！

仕上《しあ》げはこれで

『一問一答《いちもんいっとう》』『よくでる問題総《もんだいそう》まとめ』を使《つか》ってラストスパート！試験《しけん》に出《で》やすいところを効率《こうりつ》よく攻略《こうりゃく》しましょう。

知識《ちしき》の定着《ていちゃく》を

この時期《じき》は、『暗《あん》記《き》マスター』を使《つか》って、スキマ時《じ》間《かん》にあいまいな知識《ちしき》を確実《かくじつ》なものにしましょう。

12月《がつ》〜1月《がつ》

12月《がつ》
受験票《じゅけんひょう》の受《う》け取《と》り

1月《がつ》下旬《げじゅん》
国家試験当日《こっかしけんとうじつ》

次《つぎ》のページから、中央法規出版《ちゅうおうほうきしゅっぱん》の受《じゅ》験対策書籍《けんたいさくしょせき》を紹介《しょうかい》します。

あなたにピッタリの一冊《いっさつ》が必《かなら》ず見《み》つかる！

中央法規《ちゅうおうほうき》の受験対策書籍《じゅけんたいさくしょせき》ラインナップ

介護福祉士国家試験《かいごふくししこっかしけん》の受験勉強《じゅけんべんきょう》に欠《か》かせない参考書《さんこうしょ》や問題集《もんだいしゅう》を一挙紹介《いっきょしょうかい》！
「たくさんあって、選《えら》ぶのが難《むずか》しい！」
そんなあなたにピッタリの一冊《いっさつ》が見《み》つかります。

※表紙《ひょうし》・本文《ほんぶん》のデザインについては、制作中《せいさくちゅう》のため、実際《じっさい》の商品《しょうひん》とは異《こと》なる場合《ばあい》があります。

合格《ごうかく》に必要《ひつよう》な知識《ちしき》をインプット！

ムリなく、ムダなく合格《ごうかく》までをサポート

『わかる！受《う》かる！
介護福祉士国家試験合格《かいごふくししこっかしけんごうかく》テキスト 2025』

2024年《ねん》5月刊行予定《がつかんこうよてい》　定価《ていか》　3,080円《えん》（税込《ぜいこみ》）　A5判《ばん》

「キーワード」「出題頻度《しゅつだいひんど》マーク」「頻出《ひんしゅつ》マーク」「用語解説《ようごかいせつ》」など、必要《ひつよう》な知識《ちしき》を身《み》につけるためのしかけが満載《まんさい》。単元《たんげん》ごとに理解度《りかいど》を確認《かくにん》できる○×テスト付《つ》き。

難《むずか》しい用語《ようご》も
わかりやすく

重要《じゅうよう》ポイントを
フクロウと
いっしょに学《まな》ぶ

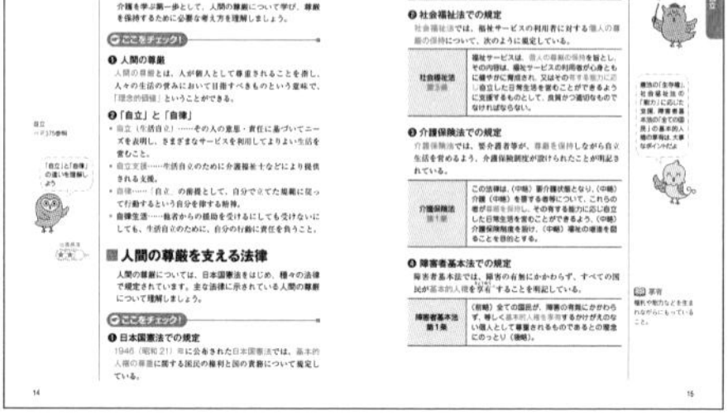

過去問《かこもん》から作成《さくせい》
された理解度《りかいど》
チェック問題《もんだい》

見《み》やすい
フルカラー

合格《ごうかく》するための知識《ちしき》がぎっしり詰《つ》まった対策本《たいさくぼん》

『介護福祉士国家試験《かいごふくししこっかしけん》
受験《じゅけん》ワークブック 2025 ㊤㊦《じょうげ》』

2024年《ねん》6月刊行予定《がつかんこうよてい》　定価《ていか》　各《かく》3,410円《えん》（税込《ぜいこみ》）B5判《ばん》

①科目《かもく》ごとの「傾向《けいこう》と対策《たいさく》」で全体像《ぜんたいぞう》を理解《りかい》、②試験《しけん》に出《で》そうなポイントを「押《お》さえておこう！重要項目《じゅうようこうもく》」で学習《がくしゅう》、③「一問一答《いちもんいっとう》」で自分《じぶん》の知識《ちしき》を確認《かくにん》！　という３つのステップで基礎力《きそりょく》を固《かた》める、ロングセラーのシリーズ。必要《ひつよう》な知識《ちしき》がぎっしり詰《つ》まっています。上下巻《じょうげかん》に分《わ》かれています。

用語解説《ようごかいせつ》が充実《じゅうじつ》

出題実績《しゅつだいじっせき》を
もとにした重要項目《じゅうようこうもく》

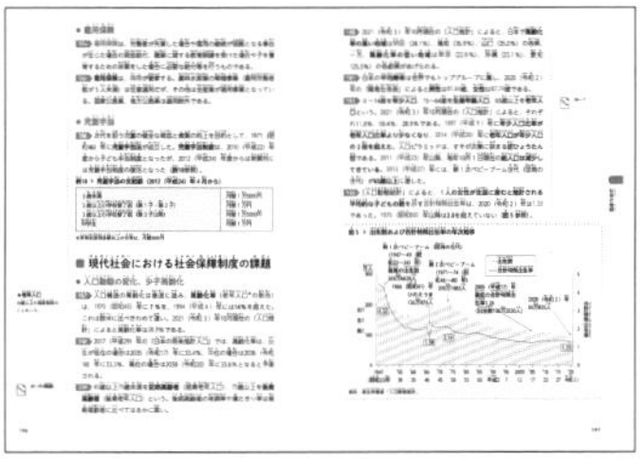

全部《ぜんぶ》ふりがな付《つ》き

赤《あか》シート付《つ》き

試験《しけん》の全体像《ぜんたいぞう》がつかみやすく、効果的《こうかてき》に学《まな》べる

『見《み》て覚《おぼ》える！　介護福祉士国試《かいごふくししこくし》ナビ 2025』

2024年《ねん》8月刊行予定《がつかんこうよてい》　定価《ていか》　2,860円《えん》（税込《ぜいこみ》）　AB判《ばん》

介護福祉士国家試験《かいごふくししこっかしけん》の膨大《ぼうだい》な出題範囲《しゅつだいはんい》の全体像《ぜんたいぞう》をつかめるように、４領域《りょういき》12科目《かもく》を74単元《たんげん》に整理《せいり》。オールカラーで図表《ずひょう》やイラストを多用《たよう》し、視覚《しかく》に訴《うった》える構成《こうせい》になっています。単元《たんげん》を学習《がくしゅう》した後《あと》は、「一問一答《いちもんいっとう》でチェック」で確実《かくじつ》に知識《ちしき》を身《み》につけてください。

出題分析表《しゅつだいぶんせきひょう》で
傾向《けいこう》を確認《かくにん》

図表《ずひょう》、
イラストで
理解《りかい》を深《ふか》める

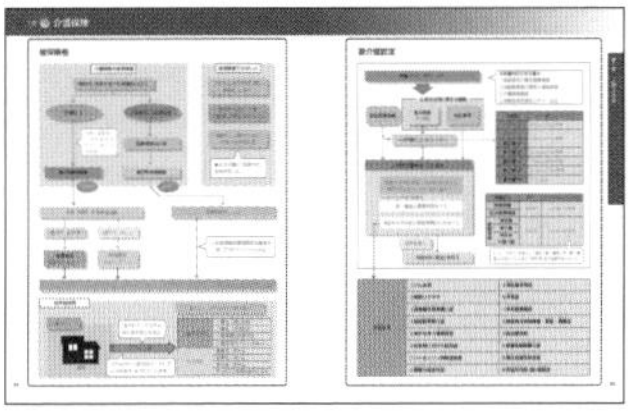

一問一答《いちもんいっとう》で
直近《ちょっきん》の出題《しゅつだい》を
確認《かくにん》

問題《もんだい》を解《と》く力《ちから》を身《み》につける！

過去《かこ》３年分《ねんぶん》の問題《もんだい》を解《と》いて、徹底攻略《てっていこうりゃく》！

『介護福祉士《かいごふくしし》国家試験《こっかしけん》過去問《かこもん》解説集《かいせつしゅう》 2025』
第《だい》34回《かい》－第《だい》36回《かい》全問完全解説《ぜんもんかんぜんかいせつ》

2024年《ねん》5月《がつ》刊行《かんこう》予定《よてい》　定価《ていか》　3,520円《えん》（税込《ぜいこみ》）　B5判《ばん》

過去《かこ》3年分《ねんぶん》の国家試験《こっかしけん》全問題《ぜんもんだい》と解答《かいとう》・解説《かいせつ》を収載《しゅうさい》。解答《かいとう》にたどりつくための考《かんが》え方《かた》やポイントを、イラストや図表《ずひょう》を使《つか》っててていねいに解説《かいせつ》しています。解説《かいせつ》は制度改正《せいどかいせい》などの動向《どうこう》を踏《ふ》まえ最新情報《さいしんじょうほう》にアップデート。最新回《さいしんかい》の試験《しけん》の内容《ないよう》については、各科目《かくかもく》の冒頭《ぼうとう》で「科目別《かもくべつ》のポイント」を掲載《けいさい》。

コピーして使《つか》える
マークシート付《つ》き

解説《かいせつ》は全部《ぜんぶ》
ふりがな付《つ》き

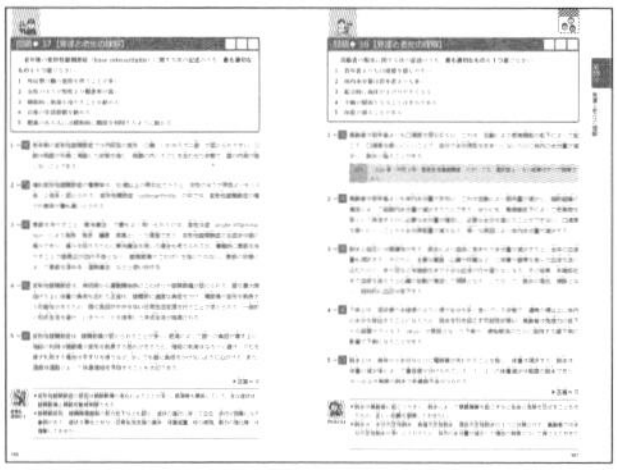

選択肢《せんたくし》
一《ひと》つひとつに
ついて解説《かいせつ》

赤《あか》シート付《つ》き

模擬問題《もぎもんだい》でさらに実践《じっせん》を重《かさ》ねよう

『介護福祉士《かいごふくしし》国家試験《こっかしけん》模擬問題集《もぎもんだいしゅう》 2025』

2024年《ねん》６月《がつ》刊行《かんこう》予定《よてい》　定価《ていか》　3,520円《えん》（税込《ぜいこみ》）　B5判《ばん》

近年《きんねん》の出題傾向《しゅつだいけいこう》を踏《ふ》まえた375問《もん》を収載《しゅうさい》。「問題編《もんだいへん》」は科目別《かもくべつ》にポイントを絞《しぼ》ってよく出《で》るテーマを設定《せってい》しました。「解答編《かいとうへん》」は選択肢《せんたくし》一《ひと》つひとつをわかりやすく解説《かいせつ》。合格《ごうかく》に向《む》けて実力《じつりょく》をアップさせる一冊《いっさつ》。

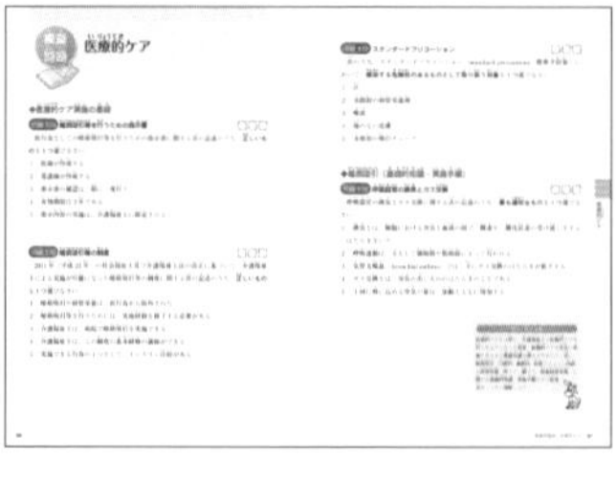

全部《ぜんぶ》ふりがな付《つ》き

解答編《かいとうへん》は
学習《がくしゅう》しやすい
取《と》り外《はず》し式《しき》

スキマ時間《じかん》を活用《かつよう》して気軽《きがる》に学習《がくしゅう》できる！

効率《こうりつ》よく学《まな》べる一問一答集《いちもんいっとうしゅう》

『介護福祉士国家試験《かいごふくししこっかしけん》 2025 一問一答《いちもんいっとう》ポケットブック』

2024年《ねん》7月刊行予定《がつかんこうよてい》　定価《ていか》　1,760円《えん》（税込《ぜいこみ》）　新書判《しんしょばん》

覚《おぼ》えるべき重要事項《じゅうようじこう》を厳選《げんせん》し、一問一答《いちもんいっとう》「○×方式《ほうしき》」で出題《しゅつだい》。一問《いちもん》ずつにわかりやすい解説《かいせつ》があり、くり返《かえ》し解《と》くことで知識《ちしき》が身《み》につきます。持《も》ち歩《ある》きに便利《べんり》なポケットサイズで、スキマ時間《じかん》を活用《かつよう》しながら気《き》軽《がる》に学習《がくしゅう》して実力《じつりょく》アップできる一冊《いっさつ》。

解説《かいせつ》では
キーワードを赤字《あかじ》に

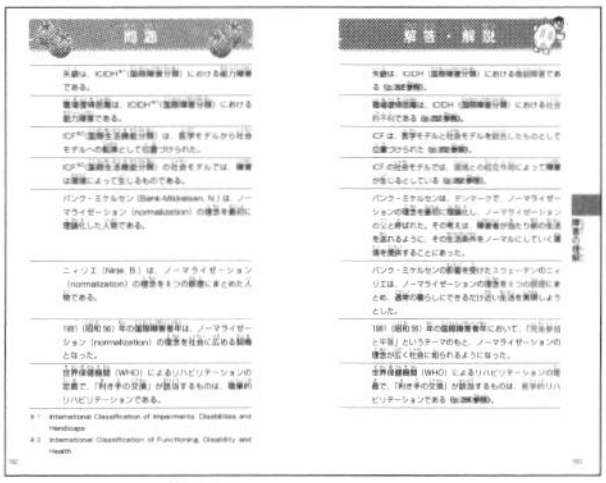

解《と》けたかどうか
チェック

赤《あか》シート
付《つ》き

全部《ぜんぶ》ふりがな付《つ》き

科目《かもく》ごとにポイントを
まとめて整理《せいり》

予想《よそう》される項目《こうもく》に的《まと》を絞《しぼ》って合格《ごうかく》をめざす！

『介護福祉士国家試験《かいごふくししこっかしけん》 よくでる問題《もんだい》　総《そう》まとめ 2025』

2024年《ねん》6月刊行予定《がつかんこうよてい》　定価《ていか》　2,200円《えん》（税込《ぜいこみ》）　A5判《ばん》

出題《しゅつだい》が予想《よそう》される項目《こうもく》に的《まと》を絞《しぼ》った、受験勉強《じゅけんべんきょう》の総仕上《そうしあ》げのための決定版《けっていばん》。「ワーク」で基本知識《きほんちしき》をおさえ、○×問題《もんだい》を解《と》いて実力《じつりょく》チェック、ポイント解説《かいせつ》で重点整理《じゅうてんせいり》、という三段階《さんだんかい》の学習方法《がくしゅうほうほう》で合格《ごうかく》に近《ちか》づきます。

よくでる項目《こうもく》を
ピックアップ

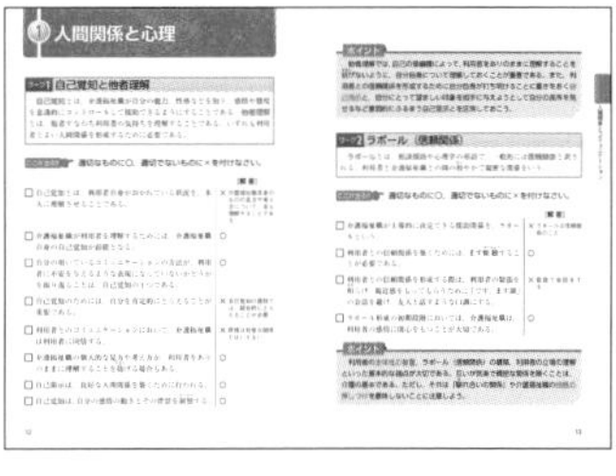

過去問《かこもん》「10点《てん》up」で
知識定着《ちしきていちゃく》

赤《あか》シート付《つ》き

楽《たの》しく学《まな》びながら実力《じつりょく》アップ！

書《か》き込《こ》みタイプの受験書《じゅけんしょ》で暗記力《あんきりょく》アップ

**『書《か》いて覚《おぼ》える！
介護《かいご》福祉士《ふくしし》国家《こっか》試験《しけん》合格《ごうかく》ドリル 2025』**

2024年《ねん》5月刊行予定《がつかんこうよてい》　定価《ていか》　2,200円《えん》（税込《ぜいこみ》）B5判《ばん》

穴埋《あなう》め形式《けいしき》、関連語句《かんれんごく》を線《せん》で結《むす》ぶ形式《けいしき》、○×形式《けいしき》など、さまざまなパターンの問題《もんだい》を解《と》いて受験《じゅけん》に必要《ひつよう》な知識《ちしき》を身《み》につける「書《か》き込《こ》みタイプ」の一冊《いっさつ》。正解《せいかい》だけでなく、プラスアルファの情報《じょうほう》を書《か》き足《た》すことで、自分《じぶん》だけの参考書《さんこうしょ》になります。

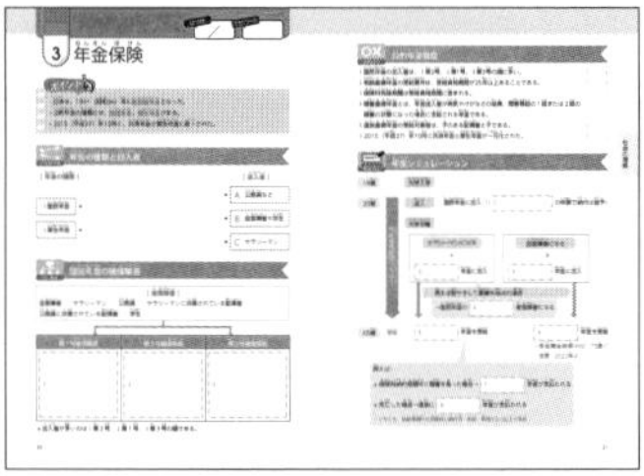

空欄《くうらん》に書《か》き込《こ》める

全部《ぜんぶ》ふりがな付《つ》き

貼《は》って覚《おぼ》える
シール付《つ》き

知識定着《ちしきていちゃく》のためのテクニックが満載《まんさい》！

**『らくらく暗記《あんき》マスター
介護福祉士国家試験《かいごふくししこっかしけん》 2025』**

2024年《ねん》6月刊行予定《がつかんこうよてい》　定価《ていか》　1,760円《えん》（税込《ぜいこみ》）　新書判《しんしょばん》

過去問《かこもん》から厳選《げんせん》した“よく出《で》る項目《こうもく》”を、図表《ずひょう》を駆使《くし》して解説《かいせつ》。「暗記《あんき》が苦手《にがて》」という人《ひと》でも、らくらく覚《おぼ》えることができるテクニックが満載《まんさい》です。キャラクターたちのやりとりで、知識《ちしき》の習得《しゅうとく》を楽《たの》しくサポート。

持《も》ち歩《ある》きに便利《べんり》な
ハンディサイズ

赤《あか》シート付《つ》き

覚《おぼ》えづらい箇所《かしょ》を
図表《ずひょう》にまとめました

試験前日《しけんぜんじつ》・当日《とうじつ》の過《す》ごし方《かた》

いよいよ試験本番《しけんほんばん》です。心身《しんしん》のコンディションづくりなど、
落《お》ち着《つ》いて試験《しけん》に臨《のぞ》むための事前準備《じぜんじゅんび》も大切《たいせつ》です。
そこで、合格者《ごうかくしゃ》の方々《かたがた》が試験前日《しけんぜんじつ》、当日《とうじつ》に
どのように過《す》ごされたかうかがいましたので、ぜひ参考《さんこう》にしてください。

合格者《ごうかくしゃ》の声《こえ》

前日《ぜんじつ》は、持《も》ち物《もの》の確認《かくにん》と、当日《とうじつ》あわてないように試験会場《しけんかいじょう》までのルート確認《かくにん》をしっかり行《おこな》いました。
当日《とうじつ》は早《はや》めに到着《とうちゃく》して、試験会場《しけんかいじょう》の近《ちか》くで朝食《ちょうしょく》をとりました。時間《じかん》に余裕《よゆう》をもって行動《こうどう》したことと、朝食《ちょうしょく》の時間《じかん》をしっかりとれたことで、リラックスした状態《じょうたい》で試《し》験《けん》に臨《のぞ》むことができたと思《おも》います。(屋代冴香《やしろさえか》さん)

前日《ぜんじつ》は自信《じしん》のない科目《かもく》の見直《みなお》しを行《おこな》いました。そのあと、必要《ひつよう》な持《も》ち物《もの》をしっかり準備《じゅんび》して、いつもより早《はや》めに寝《ね》ました。
当日《とうじつ》は会場《かいじょう》が遠《とお》かったこともあり、6時《じ》に起《お》きました。お昼《ひる》の休《やす》み時間《じかん》に同《おな》じ学校《がっこう》の友人《ゆうじん》と答《こた》え合《あ》わせをしましたが、午前《ごぜん》は苦手《にがて》なものが多《おお》く、答《こた》えが友人《ゆうじん》と違《ちが》っていて結構《けっこう》あせってしまいました。ただ午後《ごご》は得意《とくい》な科目《かもく》が多《おお》かったことと、学校《がっこう》で重点的《じゅうてんてき》に学《まな》んだ箇所《かしょ》が出題《しゅつだい》されたので、実力《じつりょく》を発揮《はっき》することができました。
(トン・ヌ・ビック・ゴックさん)

試験会場《しけんかいじょう》への行《い》き方《かた》は、複数《ふくすう》のルートを確認《かくにん》しておくと、電車《でんしゃ》の遅延事故《ちえんじこ》にもすぐに対応《たいおう》できるので安《あん》心《しん》ですよ。

持《も》ち物《もの》の確認《かくにん》は念入《ねんい》りに。会場《かいじょう》に壁《かべ》かけ時計《どけい》がない場合《ばあい》があるので、腕時計《うでどけい》は必需品《ひつじゅひん》です。寒《さむ》がりの方《かた》はひざかけや携帯《けいたい》カイロなどを持《も》っていきましょう。

参考文献

・介護福祉士養成講座編集委員会編『最新　介護福祉士養成講座１～15〈第2版〉』
・中央法規介護福祉士受験対策研究会編
『らくらく暗記マスター 介護福祉士国家試験2024』
・中央法規介護福祉士受験対策研究会編『介護福祉士国家試験過去問解説集2024』
・中央法規介護福祉士受験対策研究会編
『介護福祉士国家試験受験ワークブック2024上・下』
・中央法規介護福祉士受験対策研究会編
『わかる！ 受かる！ 介護福祉士国家試験合格テキスト2024』
・中央法規介護福祉士受験対策研究会編
『書いて覚える！ 介護福祉士国家試験合格ドリル2024』
・いとう総研資格取得支援センター編『見て覚える！ 介護福祉士国試ナビ2024』

以上、中央法規出版

執筆者紹介（五十音順）

亀島千枝（かめじま・ちえ）

榎本学園町田福祉保育専門学校介護福祉士学科主任。大学教育学部にて幼児・障害児教育専攻、看護専門学校卒業。訪問看護ステーションや居宅介護支援事業所の管理者、保健指導など経験し、2012年より現職に至る。著書に『介護福祉士国家試験過去問解説集2024』中央法規（共著）などがある。「Diversity & Inclusion・既成の枠にこだわらない」をモットーに、誰でもわかりやすい授業や教材づくりに注力している。

佐伯久美子（さえき・くみこ）

読売理工医療福祉専門学校介護福祉学科講師。介護老人保健施設の介護職員を経て、介護福祉士養成施設の教員となる。著書に『らくらく暗記マスター 介護福祉士国家試験2024』、『介護福祉士国家試験模擬問題集2024』中央法規（共著）、『クエスチョン・バンク介護福祉士国家試験問題解説集2024』メディックメディア（共著）、『四訂　美容福祉概論』中央法規（共著）などがある。介護福祉士、社会福祉士。

高谷明子（たかや・あきこ）

田園調布学園大学人間福祉学部社会福祉学科介護福祉専攻助教。介護福祉士養成校を卒業後、介護職員として老人保健施設、介護付き有料老人ホーム、海外のグループホームで勤務し、2022年より現職に至る。大学で教鞭をとる傍ら、介護職員初任者研修や各団体の介護研修を担当する。

竹田幸司（たけだ・こうじ）

田園調布学園大学人間福祉学部社会福祉学科准教授。大学で教鞭をとる傍ら、各種団体の介護研修、介護福祉士受験対策講座を担当する。著書に『こだわりのポイントはココ！からだを正しく使った移動・移乗技術』中央法規（単著）、『最新　介護福祉士養成講座6　生活支援技術Ⅰ』、『最新　介護福祉士養成講座7　生活支援技術Ⅱ』中央法規（共著）などがある。介護福祉士、社会福祉士。

■本書に関する訂正情報等について

弊社ホームページ(下記URL)にて随時お知らせいたします。
https://www.chuohoki.co.jp/foruser/care/

■本書へのご質問について

下記のURLから「お問い合わせフォーム」にご入力ください。
https://www.chuohoki.co.jp/contact/

ここからはじめる!

介護福祉士国家試験スタートブック2025

2024年4月20日　発行

編　集	中央法規介護福祉士受験対策研究会
発行者	荘村明彦
発行所	中央法規出版株式会社
	〒110-0016　東京都台東区台東3-29-1　中央法規ビル
	TEL 03-6387-3196
	https://www.chuohoki.co.jp/
印刷・製本	株式会社ルナテック
本文デザイン	mogmog Inc.
本文イラスト	ばばめぐみ/関上絵美
DTP	株式会社エディポック
装幀デザイン	二ノ宮匡(ニクスインク)
装幀キャラクター	坂木浩子

定価はカバーに表示してあります。
ISBN978-4-8423-0025-6

A025